Heinrich Preschers

Hochfürstlich-salzburgischer Hofkalender

Oder Schematismus auf das Jahr nach der gnadenreichen Geburt unseres

Erlösers und Seligmachers Jesu Christi

Heinrich Preschers

Hochfürstlich-salzburgischer Hofkalender
Oder Schematismus auf das Jahr nach der gnadenreichen Geburt unseres Erlösers und Seligmachers Jesu Christi

ISBN/EAN: 9783744691529

Hergestellt in Europa, USA, Kanada, Australien, Japan

Cover: Foto ©ninafisch / pixelio.de

Weitere Bücher finden Sie auf **www.hansebooks.com**

Hochfürstlich-salzburgischer

Hofkalender,
oder
SCHEMATISMUS
auf das Jahr
nach der gnadenreichen Geburt unsers Erlösers und Seligmachers

JESU Christi
M. DCC. LXXXV.

Alles zusammengetragen, und auf eigene Kosten im Druck gegeben
von
Franz Mehofer, hochfürstl. Truchses und Kammerfourier, zu haben in dessen Quartier auf dem Marktplatz in dem Kaufmann Weiserischen Haus.

Gedruckt bey Maria Anna Probingerinn, verwittibten Landschaft- und Stadtbuchdruckerinn.

Nachmittag um 3 Uhr gehen Seine hochfürstl. Gnaden ꝛc. ꝛc. wie gestern mit gesammter Hofstaat und Korteggio aus dero Zimmer in das Oratorium und wohnen allda der Andacht bey, dabey erscheinet die hochfürstliche Universität mit ihren Congregationen und Bruderschaften; um 4 Uhr die sämmtlichen Herren Räthe, alle Dikasterien, Oberst-Jägermeisterey, und sämmtliche Kanzleyverwandte.

Mittwoch den 23 wird um 7 Uhr frühe die lezte sacramentalische Predigt von einem E. P. Kapuciner abgeleget, alsdenn verfügen sich Se. hochfürstl. Gnaden ꝛc. ꝛc. mit gesammter Hofstaat in dero Domkirche herab, und wohnen allda sammt dem hochwürdigen Domkapitel der Procession und Ende des vierzigstündigen Gebeths bey.

Nachmittag um 4 Uhr ist die erste stille Metten, welche Seine hochfürstliche Gnaden ꝛc. ꝛc. im blauen Habit und bedeckter Kappa in selbst höchster Person und gewöhnlicher Bedienung zu halten sich gnädigst belieben lassen.

Gründonnerstag den 24 ist Festum Pallii, und hat die Hofstaat anheut um 7 Uhr frühe unterthänigst zu erscheinen. Seine hochfürstliche Gnaden ꝛc. ꝛc. kommen in Vortragung des Legatenkreuzes in dero Domkirche herab, und halten allda das Hochamt, benediciren unter solchem das Chrisma, Oleum chatechumenorum & infirmorum. Nach diesen Ceremonien ist die grosse Communion, allwo aus den Händen Sr. hochfürstl. Gnaden ꝛc. ꝛc. das hochwürdige Domkapitel, die hochfürstlichen Canonici zu Maria von Schnee, Chorvicarien, und die ganze Domklerisey, die in weissen langen Röcken gekleidete zwölf arme Männer, Truchsessen, Edelknaben und Stadtmagistrat, die allerheiligste Hostie empfangen. Nachhin tragen Höchstdieselben das allerhöchste Sacrament des Altars in die Sacristey, darüber sechs hochfürstliche Herren Kammerer in ihren gewöhnlichen Mantelkleidern den Himmel und sechs Herren Edelknaben die Torzen tragen, hören darauf die Predigt von einem Alumnus aus dem hochfürstl. Priesterhause an, und waschen nachdem allda den zwölf armen Männern die Füsse, reichen denenselben hinnach zu Hof bey der Tafel, die gemeiniglich um 11 Uhr ist, Speis, Trank und Schankung.

4te Mona	April hat 30 Tag.	Lauf	Witterung	Die Monds-brüche
Freyt	1 Hugo Bischof			
Samst	2 Franz v. Paula		5 U. 21 m. A.	

Jesus kömt durch verschloßne Thür. Joh. 20.

Sonta	B 1 Quasimod		Richardus	Den 2 ereignet sich das letzte Viertel um 5 Uhr 21 min. Abends.
Mont	4 Mar. Verkünd.		stürmische	
Dienst	5 Vincentius F.		Luft mit fro-	
Mitw	6 Celestinus		stig u. feuch-	
Doner	7 Hermanus		tem Wetter.	
Freyt	8 Albertus			
Samst	9 Demetrius		8 U. 40 m. fr.	

Von dem guten Hirten, Joh. 10.

Sonta	10 Misericor.		Ezechiel Pro.	Den 9 wird der Mond neu um 8 U. 40 min. vormittags.
Mont	11 Leo Pabst		Wahrschein	
Dienst	12 Julius Pabst		lich Regen	
Mitw	13 Hermenegild.		um 6 Uhr 40	
Donn	14 Tiburtius		min. Tägl.	
Freyt	15 Helena Kais.		13 Stund	
Samst	16 Turibius			

Ueber ein kleines werdet ihr mich sehen, J. 16.

Sont	17 B Jubilat		10 U. 42 m. f.	Den 16 ist das letzte Viertel um 10 U. 42 min. vormittags.
Mont	18 Wismarus			
Dienst	19 Timotheus		6	
Mitw	20 Agnes Pol.		21 m. Abend	
Donn	21 Anselmus Bis.		O aufg. um	
Freyt	22 Soter. u. Caj.		5 U. 3 min.	Den 19 geht die Sonn in Stier um 6 Uhr 21 m. Abends.
Samst	23 Georgius			

Ich gehe zu dem, der mich gesandt hat, Jo. 16.

Sonta	24 B Cantate		um 5 Uhr 8	Den 24 ist der Mond voll, um 3 Uhr 8 min. Abends.
Mont	25 Marci Evang.		min. nachm.	
Dienst	26 Cletus Pabst			
Mitw	27 Peregrinus		O unterg. um	
Doner	28 Vitalis Mart.		7 Uhr 5 min.	
Freyt	29 Petrus Mart.		Nachtlänge 9	
Samst	30 Kathar. Sen.		Stund 46 m	

Hof- und Kirchenfeste im Monat
April.

Mondtag den 4 fällt das Fest Mariä Verkündigung, wird Nachmittag um 2 Uhr in dem Gotteshauß der allerheiligsten Dreyfaltigkeit die gewöhnliche marianische Andacht mit einer Lobrede und Litaney vollzogen.

Diensttag den 5 wird das Fest des heiligen Landespatrons Rupertus gehalten.

Eodem wird in dem löblichen Kloster St. Peter das Fest des grossen Patriarchen und Ordensstifter des heiligen Benedikts feyerlich celebrirt, allwo auch die hochfürstl. Universität in Vortragung der Sceptrorum academicorum epomidaliter zu erscheinen pflegt.

Samstag den 23 fällt ein das Fest des heiligen Georgii, welches in der allhiesigen hohen Hauptfestung feyerlichst begangen wird.

Sonntag den 24 ist in der hochfürstl. Domkirche das gewöhnliche siebenstündige Gebeth.

Mondtag den 25, als am Fest des heiligen Marcus, ist die jährliche Procession von der hochfürstl. Domkirche aus nach der löblichen Kirche des heiligen Marcus bey den wohlehrwürdigen Klosterjungfrauen der heiligen Ursula. Seine hochfürstliche Gnaden ꝛc. ꝛc. lassen sich belieben im blauen Habit, in Vorgehung der Bruderschaften und sämmtlicher Geistlichkeit, Domklerisey, dann eines hochwürdigen Domkapitels, und Gefolge dero Hofstaats obermeldter Procession beyzuwohnen.

5te Mona	May hat 31 Tag.	☽ lauf	Aspecten und Witterung.	Die Mondsbrüche.
\multicolumn{5}{l}{So ihr den Vater um etwas bitten werdet, J.16}				
Sonta	B 5 Rogat †	♎	Philipp. Jak.	☾ Den 2 erreichet der Mont das letzte Viertel um 1 Uhr 25 min. früh.
Mont	2 Athanasius	♎	☾	
Dienst	3 † Erfindung	♏	um 1 Uhr 25	
Mitw	4 Florian Monic	♏	min. früh.	
Doner	5 Himmelfahrt Chr	♐	Gotthardus	
Freyt	6 Johan v. Port	♐	Taglänge 14	
Samst	7 Stanislaus B.	♑	Stund 40 m.	
\multicolumn{5}{l}{Wann der Tröster kommen wird, Joh. 15.}				
Sonta	8 B 6 Exaudi	♑	Mich Erz. ●	Den 8 trift der Neumond um 5 Uhr 25 min. Abends.
Mont	9 Gregorius Na.	♑	um 5 Uhr 25	
Dienst	10 Anton Einsied.	♒	Abends.	
Mitw	11 Beatrix Jung.	♒	gutes Wetter	
Doner	12 Pancratius	♓	mit Sonnen-	
Freyt	13 Servatius B.	♓	schein.	☽
Samst	14 F Bonifacius	♈	Brachschein	Den 16 erreichet sich das erste Viertel um 3 Uhr 55 min. früh
\multicolumn{5}{l}{Wer mich liebet, wird mein Wort halten, J.14}				
Sonta	15 B Pfingstfest	♈	Sophia	
Mont	16 Pfingstmontag	♈	Johann Nep.	
Dienst	17 Ubaldus B.	♉		Den 20 gehet die Sonn in Zwilling um 6 Uhr 48 min. Abends.
Mitw	18 F Quatember	♉	um 3 Uhr 55	
Doner	19 Petr. Cælestin.	♊	min. früh.	
Freyt	20 F Bernardinus	♊	☉ in ♊ um	
Samst	21 F Constantinus	♊	6 U. 48 m. A.	
\multicolumn{5}{l}{Mir ist gegeben aller Gewalt, Matth. 28}				
Sonta	22 B. H. Dreyfal	♋	Julia M.	○ Den 24 ist der Mond voll um 4 Uh. 26 min. Ab.
Mont	23 Florentinus	♋		
Dienst	24 Johanna Wit.	♌		
Mitw	25 Urbanus Pabst	♌	4 U. 26 m. fr.	
Doner	26 Fronleichnam	♍	Philip. Ner.	
Freyt	27 Beda Priester	♍	angenehme	☾ Den 31 ist das letzt Viertel um 7 Uhr 0 min. früh.
Samst	28 Guilielmus	♎	Witterung.	
\multicolumn{5}{l}{Von dem grossen Abendmal, Luc. 14.}				
Sonta	29 B ~ Maximil.	♎		
Mont	30 Felix Papst	♎	☾	
Dienst	31 Petronilla	♏	7 U. 0 mi fr.	

Hof- und Kirchenfeste im Monat May.

Sonntag den 1 wird in der hochfürstl. Universitätskirche das Hauptfest von dem löblichen Liebsbund, und zugleich das Fest der Bruderschaft des heiligen Patriarchen Benedikts gehalten.

Mondtag den 2 ist die erste Bethtagsproceßion aus der hochfürstl. Domkirche nach dem löblichen unser lieben Frauen Gotteshaus zu Müllu, wobey Seine hochfürstliche Gnaden 2c. 2c. mit eben disem Gefolge, wie am heiligen Marcustag öffentlich im blauen Habit erscheinen.

Dienstag den 3 geht nach 8 Uhr in erst erwähnter Begleitung die Proceßion auf den sogenannten Nonnenberg in die unser lieben Frauen- und Ehrentrudiskirche.

Eodem fällt das Fest der Kreuzerfindung, wird in der löblichen Burgerspital-Pfarrkirche bey dem allda wunderthätigen heiligen Kreuz um 4 Uhr Nachmittag eine Predigt, und darauf von Titl. Seiner fürstlichen Gnaden Herrn Herrn Fürsten zu Chiemsee eine Litaney gehalten.

Mittwoch den 4 geht nach 8 Uhr die Proceßion wiederum aus der hochfürstl. Domkirche nach dem heiligen Sebastiangotteshaus.

Nachmittag hat um 3 Viertel auf 3 Uhr die Hofstaat ihre unterthänigste Aufwartung zu machen, indem Seine hochfürstliche Gnaden 2c. 2c. in gewöhnlicher Bekleidung in dero Domkirche die Vesper solenniter halten.

Donnerstag den 5, als am Fest der Himmelfahrt Christi, ist Festum Pallii. Seine hochfürstliche Gnaden pontificiren in höchster Person unter der gewöhnlichen Aufwartung.

Samstag den 14. ist in der hochfürstlichen Domkirche grosse Vesper, und also um 3 Viertel auf 3 Uhr von gesammter Hofstaat die unterthänigste Aufwartung zu machen.

Pfingstsonntag den 15 ist Festum Palii, und pontificiren Seine hochfürstliche Gnaden ꝛc. ꝛc. solenniter in dero Domkirche.

Eodem fängt bey den EE. PP. Franciscanern das durch drey Tage dauernde Gebeth an.

Pfingstmontag den 16 hält nach 8 Uhr das Hochamt (Titl.) Herr Herr Domprobst des hohen Erzstiftes.

Eodem fällt ein das Fest des heiligen und wunderthätigen Martyrers Johannes von Nepomuck, als absonderlichen Landespatrons, welches in der hochfürstlichen Hofkapelle und Kirche zu Mirabell mit Predigt und Hochamt feyerlichst celebriret, und von einem (Titl.) Herrn Domkapitularen des hohen Erzstiftes gegen 5 Uhr in Bedienung der Hofmusik eine Litaney gehalten wird. Auch wird dieses Fest bey den PP. Franciscanern feyerlich mit einer Litaney die ganze Octav celebriret.

Samstag den 21 ist Firmung und Priesterweihe.

Sonntag den 22, als am Feste der hochheiligen Dreyfaltigkeit, wird in hochfürstl. Domkirche nach dem Hochamte, welches (Titl.) Herr Herr Domprobst hält, auch das Herr Gott dich loben wir, wegen der von Gott 1697 so gnädig abgewendeten Feuersgefahr, gehalten.

Nachmittag um 3 Uhr wird in dem Gotteshauß der allerheiligsten Dreyfaltigkeit die Predigt, nach solcher die Litaney von Seiner fürstlichen Gnaden Titl. Herrn Herrn Bischof zu Chiemsee gehalten.

Mittwoch den 25 Nachmittag um 3 Viertel auf 3 Uhr ist grosse Vesper. Seine hochfürstliche Gnaden ꝛc. ꝛc. geben vor dem Anfang der Vesper den heiligen Segen, und machen

machen der solennen Corporis Christi Octav den Anfang.

 Donnerſtag den 26, als am Fronleichnamstage, iſt Feſtum Pallii, gegen 8 Uhr kommen Seine hochfürſtliche Gnaden ꝛc. ꝛc. im rothen Habit und fliegender Kappa angethan, mit Vorhergehung der Herren Edelknaben, Truchſeſſen, Kriegs-Kammer-Hof- und geheimen Räthen, Hoffrequentirenden Herren Cavalliers, Kammerherren, Miniſters, Vortragung des Legatenkreuzes, und Begleitung eines hochwürdigen Domkapitels in die hochfürſtl. Domkirche, und pontificiren allda ſolemniter unter gewöhnlicher Bedienung. Nach vollendetem Hochamte iſt von der hochfürſtlichen Domkirche aus die groſſe Fronleichnamsproceſſion durch die vornehmſten Gaſſen der Stadt. Dabey erſcheinen alle Ordensperſonen, ſämmtliche Geiſtlichkeit, Bruderſchaften und Zünften. Seine hochfürſtliche Gnaden ꝛc. ꝛc. tragen das allerheiligſte Sacrament des Altars Selbſten in Aſſiſtirung des Titl. Herrn Domprobſten, und vier Titl. Herren Kapitularen des hohen Erzſtiftes, ſo auch hernach wechſelweiſe die heiligen Evangelien abſingen. Die hochfürſtlichen Kammerherren erſcheinen in ihren gewöhnlichen ſchwarzgeſpitzten Mantelkleidern und tragen wechſelweiſe den Himmel, und ſechs Herren Edelknaben in ihren ſpaniſchen Kleidern die Torzen. Bey der Prozeſſion, und den vier Evangelien paradieren, die hochfürſtliche Soldatesca, zwo bürgerliche Compagnien zu Fuße, die bürgerliche Kavallerie, und das Artilleriekorps, welche ſämmtlich auch nach geendigter Proceſſion auf dem Hofplatze Parade, und ihre unterthänigſte Aufwartung machen, wo Seine hochfürſtliche Gnaden ꝛc. ꝛc. aus dero Audienzzimmer ſelbe in höchſten Augenſchein zu nehmen ſich gnädigſt gefallen laſſen.

 Freytag den 27 gehet die Proceßion von dem uralten Kloſter des heiligen Peters des Ordens des heiligen Benedikts aus.

 Samſtag den 28 iſt die Proceßion bey den wohlehrwürdigen Kloſterfrauen des Ordens des heiligen Benedikts auf den Nonnberg. Sonn-

Sonntag den 29 gehet die Proceßion aus der hochfürstlichen Domkirche in das löbliche Gotteshauß zu unser lieben Frauen nach Mülln zu den EE. PP. Augustinern, allwo Titl. Herr Herr Domprobst das Hochamt halten, und das allerhöchste Gut tragen, die Herren Truchseßen aber den Himmel, und vier Herren Edelknaben die Torzen.

Mondtag den 30 geht die Proceßion aus der hochfürstlichen Universität, sechs studierende Herren Cavalliers tragen über das allerhöchste Sacrament des Altars in rothen Mänteln den Himmel.

Dienstag den 31 ist die Proceßion zu Mülln bey den EE. PP. Augustinern.

Eodem ist auch der höchste Geburtstag Seiner hochfürstlichen Gnaden unsers gnädigsten Landesfürsten und Herrn Herrn ꝛc. ꝛc.

Juny

6te Mona	Juny hat 30 Täg.	Aspekten und lauff Witterung.	Die Mondsbrüche
Mitw 1	Nikodemus	☽ in der Erdnähe.	
Doner 2	Erasmus		
Freyt 3	Herz Jesu Fest	Klotildis.	
Samst 4	Quirinus	☉ auf. 4 U. 9 m	Den 7 wird der Mond neu um 2 U. 37 min. früh.

Von dem verlornen Schaf, Luk. 13.

Sonta 5	☉ 3 Bonifacius	☉ in ♊	
Mont 6	Norbertus		
Dienst 7	Likarion.	um 2 Uhr 37 min. früh.	
Mitw 8	Medardus B.		
Doner 9	Primus M.	Anfangs trüb	Den 14 begiebt sich das erste Viertel um 9 Uhr 29 min. Abends.
Freyt 10	Margaretha	dann Sonnschein.	
Samst 11	Barnabas Ap.		

Vom grossen Fischzug Petri, Luk. 5.

Sonta 12	☉ 4 Joh. Fac.	Heuschein	
Mont 13	Anton v. Pad.		
Dienst 14	Basilius	☽	Den 19 geht die Sonn in Krebs um 3 U. 33 min. früh.
Mitw 15	Vitus Mart.	um 9 Uhr 29 min. Abends.	
Doner 16	Benno Bisch.		
Freyt 17	Adolphus		
Samst 18	Leontius		

Von der Pharisäer Gerechtigkeit, Matt. 5.

Sonta 19	B 5 Gervas.	☉ in ♋ um 3 Uhr 33 m. früh.	Den 22 ist der Mond voll um 3 U. 13 min. nachmittags.
Mont 20	Sylverius		
Dienst 21	Aloysius Beicht		
Mitw 22	Paulinus B.		
Doner 23	F Edeldrudis	um 3 Uhr 13 min. nachm.	
Freyt 24	Johann Tauf.		
Samst 25	Prosper Bisch.		

Jesus speiset 4000 Mann, Marc. 8.

Sonta 26	B 6 Joh. v. Pau	☉ aufa. 4 Uhr 4 min.	Den 29 ist das letzte Viertel um 11 Uhr 25 min. vormittags.
Mont 27	Ladislaus		
Dienst 28	Jeremias		
Mitw 29	Peter u. Pau.		
Doner 30	Pauli Gedächt.	11 U. 25 m, fr	

Hof= und Kirchenfeste im Monat

J u n y.

Mittwoch den 1 ist die Proceßion bey den SS. PP. Franciscanern.

Donnerstag den 2 ist aus der hochfürstlichen Domkirche die Proceßion nach dem löblichen Gotteshause des heiligen Sebastians, in eben dieser Ordnung wie an dem Fronleichnamstage. Das allerhöchste Gut tragen Titl. Herr Herr Domdechant des hohen Erzstiftes, den Himmel aber einige der ersten Bürger; auf dem Gottesacker allda wird bey dem aufgerichteten Altare das Hochamt gesungen. Das hochwürdige Domkapitel und gesammte Hofstaat, als auch das ehrsame Handwerk der bürgerlichen Bäcker gehen zweymal zum Opfer; im Ruckwege aber wird die Octav unter Abfeuerung der Kanonen mit dem heiligen Segen beschlossen.

NB. Sofern aber das Wetter nicht zuläßt mit der Proceßion auszugehen, wird das Hochamt in der hochfürstlichen Domkirche gehalten, in welche Seine hochfürstliche Gnaden mit dero Hofstaat herab zu kommen, und unter dero allda zubereiteten Baldachin selbem beyzuwohnen, auch zu dem vorbesagten Opfer zu gehen sich gnädigst gefallen lassen. Nach vollendetem Hochamt gehet hinnach die Proceßion in der hochfürstlichen Domkirche herum.

Frey=

Freytag den 3 wird bey denen wohlehrwürdigen Frauen Ursulinerinnen das Fest des heiligsten Herzens Jesu mit Predigt und Hochamt gehalten.

Mondtag den 13 fällt ein das Fest des heiligen Anton von Padua, so bey den EE. PP. Franciscanern celebriret wird.

Eodem fällt ein der Anniversariatstag weiland des heil. röm. Reichs Fürsten und Herrn Herrn Jacob Ernest 2c. aus dem reichshochgräflichen Hause von Lichtenstein.

Sonntag den 19 ist in der hochfürstlichen Domkirche das gewöhnliche siebenstündige Gebeth.

Mittwoch den 29 an dem Feste der heiligen Aposteln Petri und Pauli wird in der uralten löbl. Peterskirche der WW. EE. HH. PP. Benediktinern als absonderlichen Kirchenpatronen um 9 Uhr Predigt und Hochamt gehalten.

Donnerstag den 30 wird bey den wohlehrwürdigen Klosterfrauen des adelichen Stifts Nonnberg des Ordens des heiligen Benedikts das Verableibungfest der heiligen Ehrentraud um 9 Uhr gehalten.

July

7te Mona	July hat 31 Tag.	lauf	Witterung.	brüche.
Freyt	1 Eberhardus		☉aufgang 4	
Samst	2 Mar Heimsuch.		Uhr 6 min.	

Hütet euch vor falschen Propheten, Mat. 7

				Den 6 er-
Sonta	3 B Hyacinth.			neuert sich der
Mont	4 Udalricus		Taglänge 15	Mond um 1
Dienst	5 Domitianus		St. 46 min.	Uhr 23 min.
Mitw	6 Elisabeth Kön.		●	nachmittags.
Doner	7 Wilibaldus B.		um 1 Uhr 23	
Freyt	8 Kilianus B.		min. nachm.	
Samst	9 Cyrillus		Augustisch ein	

Vom ungerechten Haushalter, Luc. 16.

				Den 14 be-
Sonta	10 B 8 7 Brüd. M			giebt sich das
Mont	11 Pius Papst		Nachtlänge 8	erste Viertel
Dienst	12 Joh. Gualbert		Stund 24 m.	um 2 Uhr 29
Mitw	13 Eugenius Bisch			min. Abends.
Doner	14 Bonaventura			
Freyt	15 Apostel Theil.		2 Uhr 29 m.	●
Samst	16 Scapulierfest		nachmittag	

Jesus weinet über Jerusalem, Luk. 19.

				Den 22 ist
Sonta	17 B 9 Alerius		kühle Nächte	der Mond
Mont	18 Fridericus		Regenwetter	voll um 0 Uh
Dienst	19 Arsenius		Den 22	23 min. früh.
Mitw	20 Margaretha J.		2 Uhr 26	
Doner	21 Daniel Proph.		m. nachmitt.	Den 22 dies
Freyt	22 Mar. Magdal.		●	geht die Sonn
Samst	23 Liborius B.		0 U. 23 m. fr.	in Löw um 2 Uhr 26 min.

Vom Pharisäer und Zöllner, Luk.

				nachmittags.
Sonta	24 B 10 Christina		Hundstäg	
Mont	25 Jacobus Apost		Christoph	
Dienst	26 Anna Mut. M.		☉untergang	
Mitw	27 Pantaleon M.		7 Uhr 31 min	
Doner	28 Innocentius			Den 28 ist
Freyt	29 Martha Jgfr.		um 4 Uhr 12	das letzt Vier-
Samst	30 Abdon Seneu.		min. Abends.	tel um 4 Uhr 12 min. Ab.

Vom Stummen und Tauben, Marc. 7.

Sonta	31 B 11 Ignatius		veränderlich.	

Hof- und Kirchenfeste im Monat July.

Samstag den 2 July wird Nachmittag in dem löbl. Gotteshauß der allerheiligsten Dreyfaltigkeit die marianische Andacht um 4 Uhr vollzogen.

Samstag den 16 wird zu St. Peter das Scapulierfest gehalten.

Sonntag den 17 ist in der hochfürstl. Domkirche das monatliche siebenstündige Gebeth.

Mondtag der 18 fällt den Anniversariatstag für weiland den gottselig-abgeleibten Reichsfürsten und Erzbischofen Franziscus Antonius aus dem hochreichsgräflichen Hause von Harrach, wie auch Tags darauf für dessen hochreichsgräfliche Familie.

Mondtag den 25 fängt in dem löblichen Kloster St. Peter des Ordens des heiligen Benedikts das durch drey Tage daurende vierzigstündige Gebeth an.

Sonntag den 31 wird das Bruderschaftfest der heiligen Anna gehalten; ist also Nachmittag in der hochfürstlichen Domkirche um 2 Uhr die Predigt, nach der Vesper und Complet die löbliche Anna Bruderschafts-Procession mit Herumtragung des allerheiligsten Sacraments des Altars; welches, wie auch die auf dem heiligen Anna-Altare nachfolgende Litaney Seine fürstliche Gnaden Titl. Herr Herr Bischof zu Chiemsee verrichten.

August

8te Monat	hat 31 Tag.	Lauf	Aspekten und Witterung.	Die Monds- brüche.
Mont	1 Peter Kettenf.	♒	☉ aufg. um 4 Uhr 37 m. Tagl. 14 St.	● Den 5 er- neuert sich Mond mit ei- ner unsicht- baren Sonn- finsterniß um 2 U. 46 m. fr.
Dienst	2 Portiunkula			
Mitw	3 Steph. Erfind.			
Doner	4 Dominikus			
Freyt	5 Maria Schnee		●	
Sams	6 Verklär. Chri.		2 U. 46 m. fr.	

Vom barmherzigen Samaritan, Luk. 10.

Sonn	7 B 12 Cajetan		unsichtbare Sonnfinster.	
Mont	8 Cyriacus			
Dienst	9 Romanus M.		Herbstschein Nachtläng 9 Stund 36 m.	☽ Den 13 be- giebt sich das erste Viertel um 6 Uhr 26 min. früh.
Mitw	10 Laurentius M.			
Done	11 Susanna J.			
Freyt	12 Clara Jungfr.		☽	
Sams	13 Hyppolitus		6 U. 26 m. fr.	

Von den zehen Aussätzigen, Luc. 17.

Sont	14 B 13 Eusebius		Taglänge 14 Stund 12 m. angenehmen Sonnschein.	● Den 20 ha- ben wir den Vollmond um 8 Uhr 45 min. vormit- tags.
Mont	15 Mar. Himelfa			
Dienst	16 Rochus			
Mitw	17 Liberatus			
Donn	18 Helena			
Freyt	19 Sebaldus B.		●	
Sams	20 Bernardus		8 U. 45 m. fr.	

Niemand kann zween Herren dienen, Mat. 6.

Sonn	21 B 14 Burchard			Den 22 die- ses geht die Sonn in die Jungfer um 8 Uhr 47 m. Abends.
Mont	22 Joachim		Ein um 8 U. 47 min. Abends.	
Dienst	23 Philip Benit.			
Mitw	24 Bartholom. Ap			
Donn	25 Ludovicus Kö.			
Freyt	26 Zephyrinus		☾	
Sams	27 Josephus Cal.		11 U. 3 m. Ab	

Jesus erweckt der Wittib Sohn, Luc. 7.

Sonn	28 B 15 Augustin		Feuchte Luft mit Wind und Nebel.	☾ Den 26 ist das lezt Vier- tel um 11 U. 3 min. Aben.
Mont	29 Joh. Enthaup.			
Dienst	30 Rosa J.			
Mitw	31 Reymundus			

August.

Dienstag den 2 ist das Fest des Ablasses Portiunkula bey den EE. PP. Franziscanern, dahin Seine hochfürstliche Gnaden ꝛc. ꝛc. in langen Kleidern und rothen Mantel öffentlich durch die Ritterstube und Karabinersaal in Korteggio gesammter Hofstaat und Begleitung der anwesenden Domherren zu kommen, und der alldortigen Andacht beyzuwohnen Sich gefallen lassen.

Freytag den 5 fällt ein das Fest Maria Schnee, welches in der hochfürstlichen Domkirche celebriret wird.

Nachmittag wird in dem Gotteshause der allerheiligsten Dreyfaltigkeit um 4 Uhr eine Litaney und Sermon gehalten.

Sonntag den 7 als am Feste des heiligen Patriarchen Cajetan fahren Seine hochfürstliche Gnaden ꝛc. ꝛc. im rothen Habit mit gesammter Hofstaat und Begleitung der anwesenden Domherren, zu den EE. PP. Theatinern, und wohnen allda der Andacht bey.

Dienstag den 9 ist der jährliche Gedächtnißtag des empfangenen Pallii.

Sonntag den 14 ist Nachmittag in der hochfürstlichen Domkirche grosse Vesper; daher die Hofstaat um 3 Viertel auf 3 Uhr ihre unterthänigste Aufwartung zu machen hat.

Montag den 15 als am Feste Maria Himmelfahrt ist Festum Pallii, und pontificieren Seine hochfürstliche Gnaden ꝛc. ꝛc. in höchster Person; daher die Hofstaat in der Galla zu erscheinen hat.

Nachmittag wird hernach bey der allerheiligsten Dreyfaltigkeit die gewöhnliche marianische Andacht gehalten.

Dienstag den 16 wird das Fest des heiligen Rochus als absonderlichen Schutzpatrons wider die leidige Seuche der Pest in dem sogenannten Lazareth und Arbeitshause mit einem Hochamte, und die ganze Octav hindurch Nachmittag gegen 5 Uhr mit einer musikalischen Litaney und Aussetzung des allerhöchsten Gutes celebriret.

Sonntag den 21 ist in der hochfürstlichen Domkirche das monatliche siebenstündige Gebeth.

Septem-

9te Mona	September hat 30 Täg.	lauf	Aspecten und Witterung.	Die Monds brüche.
Donn	1 Aegydius Abt			
Freyt	2 Stephan Kön.		●	●
Sams	3 Rosalia Jgft.		5 U. 53 m. Ab	Den 3 wird der Mond neu um 5 U. 53 m. Aben.

Jesus heilet einen Wassersüchtigen, Luc. 14.

Sont	4 B 16 Schutzengelfest			
Mont	5 Victorinus		Temperirtes	
Dienst	6 Zacharias		Wetter, letzt-	☽
Mitw	7 Regina Jungf.		lich windig	Den 11 be-
Donn	8 Mar. Geburt.		und gewölkig	giebt sich das
Freyt	9 Corbinianus			erste Viertel
Sams	10 Nicol. Tolent.			um 9 Uhr 7 min. Abend.

Vom größten Geboth, Matth. 22.

Sont	11 B 17 Nam. Mar. Fest		☽	
Mont	12 Tobias Proph		9 Uhr 7 m.	
Dienst	13 Mauritius		Abends.	✷
Mitw	14 † Erhöhung		Nachtlänge	Den 18 er-
Donn	15 Hildegard		11 Stund 32	gänzt sich der Mond um 4
Freyt	16 Ludmilla		min.	Uhr 59 min.
Sams	17 Lambertus			Abends.

Von dem Gichtbrüchtigen, Matth. 9.

Sont	18 ✠ 18 Thomas v. Villa			
Mont	19 Januarius		um 4 Uhr 59	Den 22 ge- het die Sonn
Dienst	20 Eustachius		min. Abends	in die Waag
Mitw	21 F Quatember	Matthäus Apost.		um 5 Uhr 14 min. Abend.
Donn	22 Mauritius M.		☉ in ♎ um	
Freyt	23 F Thecla M.		5 U. 14 m. Ab	☾
Sams	24 F Rupertus B		Herbstanfan	Den 25 ha- ben wir das

Von der königlichen Hochzeit, Matth. 22.

Sont	25 B 19 Kirchweihfest in der Domkir.			lezte Viertel
Mont	26 Virgil. Erhöh.		☾	um 9 Uhr 20
Dienst	27 Cosmas, Dam.		um 9 U. 20	min. vormit-
Mitw	28 Wenceslaus		min. früh.	tags.
Donn	29 Michael Erzen.		Taglänge 11	
Freyt	30 Hieronymus		Stund 34 m.	

Hof- und Kirchenfeste im Monat September.

Sonntag den 4. wird in dem uralten adelichen Stift Nonnenberg der wohlehrwürdigen Klosterfrauen des Ordens des heiligen Benedikts das Translationsfest der heiligen Ehrentrudis, feyerlichst gehalten. Die Octav hindurch ist um 3 Viertel auf 4 Uhr eine Litaney mit vor und nach zugebenden heiligen Segen.

Donnerstag den 8 wird Nachmittag das Fest Maria Geburt in dem löbl. Gotteshaus der allerheiligsten Dreyfaltigkeit mit der löblichen marianischen Andacht celebriret.

Mittwoch den 14 als an dem Feste der Kreuzerhöhung wird in der löblichen Burgerspitalpfarrkirche Nachmittag um 4 Uhr Predigt und Litaney gehalten.

Samstag den 17 wird die Priesterweihe gehalten.

Sonntag den 18 ist in der hochfürstlichen Domkirche das monatlich siebenstündige Gebeth.

Freytag den 23 Nachmittag ist in der hochfürstlichen Domkirche um 3 Uhr grosse Vesper, und also von der Hofstaat die unterthänigste Aufwartung zu machen.

Samstag den 24 als am Feste des heil. Ruperti ersten Stadt- und Landspatrons, ist Festum Palii, Nachmittag ist grosse Vesper wegen der morgen einfallenden Kirchweiher

Sonntag den 25 als am Feste der Kirchweihe in de hochfürstlichen Domkirche ist um 8 Uhr die Predigt, so dann das Hochamt.

Mondtag den 26 wird in der hochfürstlichen Domkirche das Fest der Erhöhung des heiligen Virgilii celebriret und um 9 Uhr von Seiner fürstlichen Gnaden zu Chiemsee das Hochamt gehalten.

Donnerstag den 29 wird in der allhiesigen St. Michaelskirche von der löblichen unter dem Schutze des heiligen Erzengels Michael aufgerichteten Bruderschaft dieses Fest feyerlichst, sammt einer wohlangestellten musikalischen Litaney die ganze Octav hindurch gehalten.

Donnerstag den 30 ist der höchste Namenstag Sr. hochfürstlichen Gnaden ꝛc. ꝛc. unsers gnädigsten Landesfürsten und Herrn Herrn.

10te Monat	October hat 31 Tåg.		Aspecten und Witterung.	Die Monds-brüche.
Samst	1 Remigius B.	♓	Regnerisch.	

Von des Königs kranken Sohn, Joh. 4.

Sont	2 B. 20 Rosenkranzfest	♓		● Den 3 erneu-
Mont	3 Candius	♈	☉	ert sich der
Dienst	4 Franc. Seraph	♈	um 10 Uhr 56	Mond um
Mitw	5 Placidus M.	♉	min. vormit.	10 Uhr 56 m.
Doner	6 Bruno Bisch.	♉	Wind und	vormittags.
Freyt	7 Justina Jgfr.	♉	ungestüme	
Samst	8 Birgitta Witt.	♊	Luft.	☾

Von des Königs Rechnung, Matth. 18.

Sonta	9 B. 21 Dionysius	♊		Den 11 be-
Mont	10 Franc. Borg.	♋	☽	giebt sich das erste Viertel
Dienst	11 Emilian Bisch.	♋	um 9 Uhr 47	um 9 Uhr 47
Mitw	12 Maximilianus	♌	min. vormit.	min. früh.
Doner	13 Kolomanus	♌	rauhe Luft,	
Freyt	14 Calistus Pabst	♍	anhaltende	●
Samst	15 Theresia Jgfr.	♍	Tröckne.	Den 18 wird der Mond voll um 1 Uhr 48 min. früh.

Von dem Zinsgroschen, Matth. 22.

Sont	16 B. 22 Gallus	♎		
Mont	17 Hedwigis	♎		
Dienst	18 Lukas Evang.	♏	☉	
Mitw	19 Ferdinandus	♏	um 1 Uhr 48	Den 23 geht
Doner	20 Vitalis Bisch.	♓	min. früh.	die Sonn in
Freyt	21 Ursula Jungf.	♓	Sonnschein	Scorpion um
Samst	22 Cordula Jgfr.	♓	dann Regen	1 Uhr 8 min. früh.

Von des Obersten Töchterlein, Matth 9.

Sonta	23 B. 23 Joh. Kap.	♈		☽
Mont	24 Raphael	♈	um 11 U.	Den 24 er-
Dienst	25 Chrysanthus	♈	47 m. Aben.	reicht der
Mitw	26 Amandus	♉	hat Sonnen-	Mond das
Doner	27 Sabina	♉	schein mit	letzte Viertel
Freyt	28 Simon u. Judi	♉	trockener Luft,	um 11 Uhr
Samst	29 Engelhard	♉	letztlich kalt.	47 min. Ab.

Jesus steiget in ein Schiflein, Matth. 8.

| | 30 Germanus | ♋ | Klaudius | |
| Mont | 31 Wolfgangus | ♋ | | |

October.

Sonntag den 2 wird in der hochfürstlichen Universitätskirche das Fest des heiligen Rosenkranzes gehalten.

Dienstag den 4 fällt ein das Fest des heiligen Franciscus Seraphicus, welches bey den EE. PP. Franciscanern mit einer Predigt und Hochamt celebriret wird.

Sonntag den 9 wird in dem uralt=löblichen Kloster St. Peter des heiligen Benedikts die dasige Kirchweihe mit einem Hochamte, und vorhergehender Predigt um 9 Uhr gehalten.

Sonntag den 16 ist das monatliche sieben=stündige Gebeth in der hochfürstl. Domkirche.

Donnerstag den 20 wird zu St. Peter das Fest des heiligen Vitals mit Predigt und Hoch=amte, auch Nachmittag mit einer Litaney durch die ganze Octav gehalten.

Freytag den 21 wird das Fest der heiligen Ursula bey den wohlehrwürdigen Klosterfrauen daselbst mit Predigt und Hochamt, unter Aus=setzung des Hochwürdigen Guts, und die gan=ze Octav hindurch mit einer Litaney feyerlichst gehalten.

Samstag den 22 fällt ein der Anniversa=riatstag für den höchster Gedächtniß abgeleib=ten Reichsfürsten und Herrn Herrn Erzbischo=fen Leopold Anton ꝛc. und Tags darauf der von weil. Höchstderoselben ꝛc. für die hochgräfliche Familie von Firmilian gestiftete Jahrtag.

Mondtag den 31 ist in der hochfürstlichen Domkirche grosse Vesper, und hat also die Hof=staat um 3 Viertel auf 3 Uhr zu erscheinen.

11te Mona	November hat 30 Tåg.	lauf	Schriften und Witterung.	Die Monds-brüche.
Dienſt	1 Aller Heiligen	♏		●
Mitw	2 Aller Seelen	♏	●	Den 2 ernenert sich der Mond um 4 39 m. früh
Doner	3 Hubertus B.	♏	um 4 Uhr 34	
Freyt	4 Carol. Borom.	♐	min. früh.	
Samſt	5 Emericus	♐		
Vom Såemann und Saamen, Matth. 13.				
Sonta	6 B. Leonhard	♑	heitere Witterung mit Sonnſchein	☽
Mont	7 Engelbertus	♑		Den 9 haben wir das erſte Viertel um 8 Uhr 45 m. Abends.
Dienſt	8 Godefridus	♒		
Mitw	9 Theodorus	♒	☽	
Doner	10 Andreas Avell.	♒	um 8 Uhr 45	
Freyt	11 Martin Biſch.	♓	min. Abends.	
Samſt	12 Martin Pabſt	♓		
Vom Sanftkörnlein, Matth. 13.				
Sonta	13 B. v. Staniśla	♈	trübes Wetter mit Nebel und Regen	○
Mont	14 Albertus	♈		Den 16 wird der Mond voll um 11 Uhr 47 min. vormitt.
Dienſt	15 Leopoldus	♉		
Mitw	16 Edmundus	♉		
Doner	17 Gregor Thav.	♊	um 11 Uhr	
Freyt	18 Otto Abt	♊	47 min. vormittags.	
Samſt	19 Eliſabetha Kön	♋		
Vom Greul der Verwüſtung, Matth. 24.				
Sonta	20 T. Felix Vall	♋		Den 21 geht die Sonn in Schütz um 9 Uhr 20 min. Abends.
Mont	21 Mariå Opfer.	♌	☉ in 9	
Dienſt	22 Cäcilia Jungf.	♌	U. 20 m Ab.	
Mitw	23 Clemens Pabſt	♌	☾ um 6 Uhr	
Doner	24 Joh. v. Kreuz	♍	5 m. Abends	☾
Freyt	25 Catharina J.	♍		
Samſt	26 Conradus B.	♎		Den 22 erreicht der Mond das letze Viertel um 6 Uhr 5 min. Abends.
Es werden Zeichen geschehen, Luk. 21.				
Sonta	27 B 1 Advent	♎	Virgilius naſſes Weter mit Sonnenblicken.	
Mont	28 Creſcentia J.	♎		
Dienſt	29 Noe Patriarch	♏		
Mitw	30 F Andreas Ap.	♏		

Hof- und Kirchenfeste im Monat November.

Dienstag den 1 als an dem Feste aller Heiligen ist Festum Pallii: Seine hochfürstliche Gnaden ꝛc. ꝛc. pontificieren solenniter in höchster Person in dero Domkirche.

Eodem Nachmittag gegen halber 3 Uhr werden die Vigilien für alle abgestorbene christglaubige Seelen gehalten, welchen Höchstdieselben ꝛc. ꝛc. in dem Oratorium des heiligen Ruperti beywohnen.

Mittwoch den 2 als am aller Seelentage erscheinen Höchstdieselbe ꝛc. ꝛc. abermal gegen 9 Uhr in dero Oratorium mit gesammter Hofstaat bey den für alle Christglaubige Seelen haltenden Exequien.

Eodem Nachmittag werden in der hochfürstlichen Domkirche für alle abgeleibte allhiesige des heil. röm. Reichs Fürsten und Herren Herren Erzbischöfe zu Salzburg höchster Gedächtniß die Vigilien:

Donnerstag den 3 darauf die Exequien für ersagte weiland höchste Erzbischöfe gehalten.

Eodem wird das Fest des heiligen Karolus Borromäus Kardinals und mayländischen Erzbischofes, und absonderlichen Schutzpatrons der allhiesigen hochfürstlichen Universität, allda feyerlichst celebriret, auch die neuerwählten singularum Facultatum Decani promulgiret, die Sta-

Statuta academica vorgelesen. Nach dem Hochamte erscheinen die von Seiner hochfürstlichen Gnaden ꝛc. ꝛc. gnädigst abgeordneten (Titl.) Herren Herren Kommissarien, in dero Gegenwart der Magnificus D. P. Rector und sammentliche Herren Professores die Professionem fidei ablegen.

Nachmittag werden die Vigilien, und Samstag den 5. darauf die Exequien für alle abgeleibte (Titl.) Herren Herren Domkapitularen des hohen Erzstiftes gehalten.

Sonntag den 7 ist der grosse Seelenablaß in der hochfürstlichen Universitätskirche, wohin sich Seine hochfürstliche Gnaden ꝛc. ꝛc. in Corteggio dero Hofstaat und Begleitung der Domherren gemeiniglich begeben, und dem Hochamte beyzuwohnen pflegen.

Sonntag den 20 ist das monatliche siebenstündige Gebeth in der hochfürstl. Domkirche.

Mondtag den 21 fällt ein das Fest Mariä Opferung, wird Nachmittag in dem löblichen Gotteshause der allerheiligsten Dreyfaltigkeit die marianische Andacht gehalten.

Samstag den 26 ist in der hochfürstlichen Domkirche grosse Vesper.

Eodem Nachmittag um 4 Uhr ist die erste Adventspredigt. Die Adventszeit hindurch werden die Frühepredigten von den Herren Stadtkooperatoren gehalten werden.

Sonntag den 27 als an dem Feste des heiligen Virgilii ist Festum Pallii und wird das Hochamt solenniter gehalten.

12te Monat	December hat 31 Tag.	tauf	Witterung.	brüche.
Doner	1 Eligius B.			
Freyt	2 Bibiana J.		um 9 Uhr 44	Den 1 wird
Samst	3 Francisc. Xav.		min. Abends	der Mond

Von Johannes in der Gefängniß, Matt. 11. — neu um 9 U.

Sonta	4 ☐ 2 Advent		Barbara J.	44 mitt. Ab.
Mont	5 Sabbas Abt		veränderliche	
Dienst	6 Nicolaus B.		Witterung	
Mitw	7 Ambrosius			Den 9 begibt
Doner	8 Mariä Empf.			sich das erste
Freyt	9 Juditha J.			Viertel um 5
Samst	10 Melchiades		5 U. 49 m. fr.	Uhr 49 min. früh.

Von dem Zeugniß Johannis, Joh. 1.

Sonta	11 ☐ 3 Advent		Damasus P.	Den 15 gän-
Mont	12 Maxentius		Schnee dann	zet sich der
Dienst	13 Lucia u. Ottilia		Sonnschein.	Mond um 11
Mitw	14 September			Uhr 32 min.
Doner	15 Irenäus			Abends.
Freyt	16 Erharbus.		um 11 Uhr	
Samst	17 Lazarus B.		33 m. Abend.	Den 21 tritt die Sonn in Steinbock 9

Im 15 Jahr des Kaisers Tiberius, Luk. 3. — Uhr 42 m.

Sonta	18 ☐ 4 Advent			vormittags.
Mont	19 Nemesius		9 U 42	
Dienst	20 Theophilus		min. vormit.	
Mitw	21 Thomas Ap.		Wintersauf.	Den 23 er-
Doner	22 Demetrius		kürzester Tag	reicht der
Freyt	23 Victoria J.			Mond das
Samst	24 Adam u. Eva		3 U. 2. m. ab.	letzte Viertel um 8 Uhr 2

Im Anfang war das Wort, Joh. 1. — min. früh.

Sonta	25 ☐ Christa		vermischte	
Mont	26 Stephan		kalte Witte-	Den 31 er-
Dienst	27 Johan Evang.		rung.	neuert sich
Mitw	28 Unschuld Kind.			der Mond
Doner	29 Thomas Bsch.			abermal 1 U.
Freyt	30 David König		den 31 um 1	33 m. nachm.
Samst	31 Sylvester P.		U. 33 m. Ab.	

Hof- und Kirchenrat im Monat December.

Samstags den 3 fällt das Fest des heiligen Francisci Xaverii, und wird solches in dem löblichen Kapitelspital mit Predigt und Hochamt celebriret, welchem Seine hochfürstliche Gnaden ꝛc. ꝛc. mit sämmtlichem Korteggio, und Begleitung der anwesenden Domherren beyzuwohnen sich belieben lassen.

Donnerstags den 8 als an dem Fest der unbefleckten Empfängniß Mariä ist bey der allerheiligsten Dreyfaltigkeit die gewöhnliche Andacht.

Freytag den 16 fällt ein der Anniversariatstag weiland des heil. röm. Reichs Fürsten und Herrn Herrn Siegmund aus dem hochreichsgräflichen Hause von Schrattenbach, und Tags darauf der von Höchstderoselben für die hochreichsgräfliche Familie von Schrattenbach gestiftete Jahrtag wird am folgenden Tage gehalten.

Samstag den 17 ist die Priesterweihe und Firmung.

Sonntag den 18 ist in der hochfürstlichen Domkirche das monatliche siebenstündige Gebeth.

Samstag den 24 halten Se. hochfürstl. Gnaden ꝛc. ꝛc. die grosse Vesper. Nachtszeit um 10 Uhr kommen Höchstdieselbe ꝛc. ꝛc. abermal in Dom herab, und halten allda die solenne Metten.

Sonntag den 25 ist Festum Pallii, Seine hochfürstliche Gnaden ꝛc. ꝛc. pontificieren solenniter in höchster Person in Dero Domkirche.

Mondtag den 26 wird das Hochamt von Titl. Herrn Herrn Domprobsten des hohen Erzstiftes in der hochfürstlichen Domkirche celebriret.

Samstag den 31 wird nach geendigter Vesper von den hochfürstlichen Herren Edelknaben in dem Audienzimmer die Neujahrs-Gratulation Seiner hochfürstlichen Gnaden ꝛc. ꝛc. unterthänigst abgeleget und überreichet, und solcher gestalten bey Hof das Jahr glücklich beschlossen.

SCHEMATISMUS

der Erzbischöflichen

Kirche zu Salzburg

unterworfenen

Suffraganeat- und Immediat-

stifter, des hochwürdigen Domkapitels, der hohen Hof- und Erbämter, dann Stäbe der hochfürstlich-salzburgischen Kammerer, des heil. Rupert Ordensritter, geheimen-Konsistorial-Hof-Kammer- und Kriegsräthe, und der unter diesen hochlöbl. Dikasterien stehenden Aemter, Kanzleyen, und Bedienten, dann Pfleger und Beamten inn- und ausser dem Lande: der löblichen Landschaft, der hochfürstlichen Universität mit ihren Fakultäten, der auswärtig befindlichen Gesandten, Begwalten und Agenten, der Hofoffiziere, und Bedienten, des löblichen Stadtmagistrats, und Gerichts der hochfürstlichen Haupt- und Residenzstadt Salzburg.

(2)

Das höchste Haupt
aller dieser hohen Dikasterien, Aemter und Kollegien ist

Der Hochwürdigste, des heil. römischen Reichs Fürst, und Herr Herr Hieronymus, Erzbischof zu Salzburg, Legat des heiligen apostolischen Stuhls zu Rom, Primat von Deutschland, aus dem fürstlichen Hause Kolloredo von Waldsee und Mels 2c. 2c. unser gnädigster Landesfürst und Herr Herr 2c. 2c.

Der

Der Metropolitan- und Erzbischöflichen Kirche zu Salzburg sind Suffraganen acht Bißthümer: nämlich das Bißthum und Hochstift

Freysing.

Der hochwürdigste, hochgebohrne Fürst und Herr Herr Ludwig Joseph, Bischof, und des heil. röm. Reichs Fürst zu Freysing, aus dem hochreichsfreyherrlichen Hause von Welden. Gebohren den 11. May 1727. Erwählt den 13 Jäner 1769.

Regensburg.

Der hochwürdigste, hochgebohrne Fürst und Herr Herr Anton Ignatz, Bischof, und des heil. röm. Reichs Fürst zu Regensburg, Probst und Herr zu Ellwangen, aus dem hochreichsgräflichen Hause Fugger von Kirchberg und Weisenhorn. Gebohren den 3 November 1711. Erwählt den 18 Jäner 1769.

Passau.

Der hochwürdigste, hochgebohrne Fürst und Herr Herr Josephus Franziscus Antonius, Bischof, und des heiligen römischen Reichs Fürst zu Passau, aus dem

dem hochreichsgräflichen Hause von Auersperg ꝛc. Gebohren den 31 Jäner 1734. Erwählt den 19 May 1783. Welches Hochstift aber von Seiner päpstlichen Heiligkeit Clemens dem zwölften unterm 23. Nov. 1730 auf allergnädigst kaiserl. Interceßion de absoluta Authoritate Apostolica a Suffraganeatu eximirt, und blos quoad Synodalia dem hohen Erzstifte unterwürfig erkläret worden.

Brixen.

Der hochwürdigste, hochgebohrne Fürst und Herr Herr Josephus Philippus, Bischof und des heil. röm. Reichs Fürst zu Brixen ꝛc. aus dem hochreichsgräfl. Hause von Spaur ꝛc. Gebohren den 23 Sept. 1718. Erwählt den 26 May 1779.

Diese vier hohen Bißthümer haben selbst ihre hochwürdigen Domkapiteln, und freye Wahl: nachfolgende aber werden von Seiner hochfürstl. Gnaden unserm gnädigsten Herrn Herrn ꝛc. ꝛc. durch gnädigste Ernennung ersezet; außer daß bey Gurk zwischen dem durchauchtigsten Erzhause Oesterreich, und dem hohen Erzstifte die Alternativ verglichen ist.

Gurk

Gurk.

Der hochwürdigste, hochgebohrne Fürst und Herr Herr Franziscus Xaverius, Bischof zu Gurk, und des heil. röm. Reichs Fürst, aus dem hochreichsgräflichen Hause von Salm Reiferscheid ꝛc. Gebohren den 1 Februar 1749. Wird zu diesem Bißthume ernennet den 4 April 1784.

Chiemsee.

Der hochwürdigste, hochgebohrne Fürst und Herr Herr Ferdinandus Christophorus, Bischof zu Chiemsee, und des heil. röm. Reichs Fürst ꝛc. aus dem hochreichsgräflichen Hause der des heiligen röm. Reichs Erbtruchsessen von Zeil ꝛc. Gebohren den 6 Februar. 1719. Wird zu diesem Bißthume ernennt den 20 September 1772.

Seckau.

Der hochwürdigste, hochgebohrne Fürst und Herr Herr Josephus Adamus, Bischof zu Seckau, und des heiligen röm. Reichs Fürst, aus dem hochreichsgräflichen Hause von und zu Arco, Sr. kaiſ. kön.

apostolischen Majestät wirklicher geheimer Rath ꝛc. Gebohren den 27 Jäner 1733. Wird zu diesem Bißthume ernennet den 1 Jäner 1780.

Lavant.

Der hochwürdigste, hochgebohrne Fürst und Herr Herr Vincenz Joseph Franziscus Salesius, Bischof zu Lavant, und des heil. röm. Reichs Fürst, aus dem hochreichsgräflichen Hause von Schrattenbach ꝛc. Gebohren den 18 Juny 1744. Wird zu diesem Bißthume ernennet den 1 Juny 1777.

Das

Das hochwürdige Domkapitel
des hohen Erzstiftes Salzburg ꝛc. ꝛc.
bestehet in diesem Jahre in nachfolgenden
hohen Gliedern ꝛc ꝛc.

I.
Der hochwürdigst=durchläuchtig,hochgebohr=
ne Herr Herr Virgilius Maria, des heil.
röm. Reichs Fürst zu Firmian ꝛc. resignirter
Bischof zu Lavant: Dompropst und Erzpriester.
Domherr des Hochstifts Passau. Gebohren
den 16 Februar 1714. Aufgeschworen den 26
April 1728. Erwählt den 26 Novemb. 1753.

II.
Der hochwürdig=hochgebohrne Herr Herr
Sigmund Christoph, des heil. röm Reichs
Erbtruchses Graf von Zeill, und Trauchburg,
Domdechant, der Erz=und Hochstifter Cölln,
und Costanz Domherr. Gebohren den 28 Au=
gust 1754. Aufgeschworen den 20 September
1776. Erwählt den 14 May 1781.   III.

(8)

III.

Der hochwürdige hochgebohrne Herr Herr Karolus Hanibal, des heil. röm. Reichs Graf von Dietrichstein, Senior, Oblajarius, und Abt zu St. Job. Domherr des Hochstifts Augsburg ꝛc. Gebohren den 29 Jäner 1711. Aufgeschworen den 9 November 1733.

IV.

Der hochwürdigste hochgebohrne Fürst, und Herr Herr Petrus Vigilius Bischof zu Trient, und des heil. röm. Reichs Fürst, aus dem hochreichsgräflichen Hause von Thun, und Hohenstein ꝛc. Gebohren den 14 Decemb. 1724. Aufgeschworen den 2 Octob. 1744.

V.

Der hochwürdigste hochgebohrne Fürst, und Herr Herr Ferdinandus Christophorus, Bischof zu Chiemsee, und des heil. röm. Reichs Fürst, aus dem hochreichsgräflichen Hause der des heil. röm. Reichs Erbtruchsessen Grafen von Zeill, Domherr des Hochstifts Augsburg. Gebohren den 6 Februar 1719. Aufgeschworen den 13 Decemb. 1745.

VI.

Der hochwürdigst-durchläuchtig-hochgebohrne Herr Herr Franz Xaver, des heil. röm. Reichs Fürst von Breuner, der Hochstifter Passau und Augsburg Domherr. Gebohren den 21 May 1723. Aufgeschworen den 2 May 1746.

VII.

(9)

VII.

Der hochwürdigste hochgebohrne Fürst und Herr Herr Josephus Franciscus Antonius, erwählter Bischof zu Passau, und des heil. röm. Reichs Fürst, aus dem hochreichsgräflichen Hause von Auersperg. Gebohren den 31 Jäner 1734. Aufgeschworen den 29 October 1753.

VIII.

Der hochwürdigste durchläuchtig hochgebohrne Herr Herr Ferdinandus Maria, des heil. röm. Reichs Fürst von Lokowitz, Herzog zu Sagan, gefürsteter Graf zu Sternheim ꝛc. Bischof zu Gent. Gebohren den 18 December 1726. Aufgeschworen den 6 Februar 1754.

IX.

Der hochwürdige hochgebohrne Herr Herr Josephus, des heil. röm. Reichs Graf von Asstembs, Scholastikus, der Hochstifte Ollmütz und Passau Domherr. Gebohren den 1 May 1734. Aufgeschworen den 29 März 1758.

X.

Der hochwürdige hochgebohrne Herr Herr Karolus Josephus, des heil. röm. Reichs Graf von Daun. Gebohren den 7 October 1728. Aufgeschworen den 24 März 1759.

XI.

Der hochwürdigste hochgebohrne Fürst, und Herr Herr Vincentius Josephus Franciscus

Sa-

Salesius Bischof zu Lavant, des heil. röm. Reichs Fürst, aus dem hochreichsgräflichen Hause von Schrattenbach. Gebohren den 18 Junii 1744. Aufgeschworen den 25 Jäner 1762.

XII.

Der hochwürdige hochgebohrne Herr Herr Antonius Willibaldus, des heil. röm. Reichs Erbtruchseß Graf von Wolfegg und Waldsee, Freyherr auf Waldburg. Gebohren den 7 July 1729. Aufgeschworen den 25 August 1762.

XIII.

Der hochwürdige hochgebohrne Herr Herr Fridericus Virgilius Josephus, des heil. röm. Reichs Graf zu Lodron ꝛc. Gebohren den 18 July 1741. Aufgeschworen den 20 Nov. 1762.

XIV.

Der hochwürdige hochgebohrne Herr Herr Josephus Philippus Adamus, des heil. röm. Reichs Graf von Strassoldo ꝛc. Schneeherrenprobst. Gebohren den 28 März 1738. Aufgeschworen den 2 März 1764.

XV.

Der hochwürdige hochgebohrne Herr Herr Gaudolfus Ernestus, des heil. röm. Reichs Graf von Künburg, Domdechant zu Ellwangen. Gebohren den 8 May 1737. Aufgeschworen den 24 October 1765.

XIV.

XVI.
Der hochwürdigste und hochgebohrne Fürst und Herr Herr Franciscus Xaverius, Bischof zu Gurk, des heil. röm. Reichs Fürst aus dem hochreichsgräflichen Hause von Salm Reiferscheid, Domherr zu Kölln, Straßburg und Ollmütz. Gebohren den 1 Februar. 1749. Aufgeschworen den 3 July 1772.

XVII.
Der hochwürdige hochgebohrne Herr Herr Josephus, des heil. röm. Reichs Graf und Herr zu Stahremberg, Domkustos, Domherr des Hochstifts Passau. Gebohren den 3 August 1748. aufgeschworen den 31 August 1772.

XVIII.
Der hochwürdige hochgebohrne Herr Herr Karolus, des heil. röm. Reichs Graf von Khevenhüller, Domherr der Hochstifter Passau und Ollmütz. Gebohren den 28 November 1756. Aufgeschworen den 28 Juny 1773.

XIX.
Der hochwürdige hochgebohrne Herr Herr Hermann Jakob, des heil. röm. Reichs Graf von Attems. Gebohren den 11 März 1756. Aufgeschworen den 30 August 1773.

XX.
Der hochwürdige hochgebohrne Herr Herr Philipp Joseph Michael, des heil. röm. Reichs Graf von Thun und Hochenstein, Domherr
zu

zu Paſſau und Trient. Gebohren den 29 September 1739. Aufgeſchworen den 16 Auguſt 1775.

XXI.

Der hochwürdigſte hochgebohrne Fürſt, und Herr Herr Joſeph Adam, Biſchof zu Seckau, des heil. röm. Reichs Fürſt, aus dem hochreichsgräflichen Hauſe von und zu Arco, Sr. kaiſerl. königl. apoſtol. Majeſtät wirklicher geheimer Rath, Domherr zu Paſſau. Gebohren den 27 Jäner 1733. Aufgeſchworen den 30 Auguſt 1776.

XXII.

Der hochwürdige hochgebohrne Herr Herr Friderich Franz Joſeph, des heil. röm. Reichs Graf Spauer von Pflaum und Valör. Gebohren den 1 Februar 1756. Aufgeſchworen den 15 Februar 1777.

XXIII.

Der hochwürdige hochgebohrne Herr Herr Leopold Maximilian, des heil. röm. Reichs Graf und Herr zu Firmian. Gebohren den 11 October 1766. Aufgeſchworen den 16 December 1780.

XXIV.

Der hochwürdige hochgebohrne Herr Herr Johann Friderich, des heil. röm. Reichs Graf von Waldſtein und Wartenberg, Domherr zu Coſtanz und Augſpurg. Gebohren den 21 Auguſt 1756. Aufgeſchworen den 28 October 1782. Die

Die hochfürstlich=salzburgische Hofstaat.

Obersthofmeister.

(Titl.) Herr Herr Franz Lactantius, Graf und Herr zu Firmian, Herr zu Kromez, Meggel, Leopoldskron, und Mistlbach, Sr. kaiserl. königl. apostolischen Majestät ꝛc. ꝛc. wirklicher geheimer Rath und Kammerer ꝛc. Den 10 Jäner 1736.

Oberstkammerer.

(Titl.) Herr Herr Georg Anton Felix des heil. röm. Reichs Graf und Herr von und zu Arco, Sr. kaiserl. königl. apostol. Majestät ꝛc. ꝛc. wirklicher geheimer Rath und Kammerer ꝛc. Den 30 Novemb. 1750.

Obersthofmarschall.

(Titl.) Herr Herr Nikolaus Sebastian des heil. röm. Reichs Graf von und zu Lodron Kastell Romano, Laterano Herr zu Kastel Lan, Kastell Novo, Vestino, Zimberg, Biberstein, Himmelberg, Lamboding, und Wolterstorf, Sr. kaiserl. königl. apostol. Majestät ꝛc. ꝛc. wirklicher geheimer Rath und Kammerer ꝛc. Den 28 Febr. 1769.

Oberststallmeister.

(Titl.) Herr Herr Leopold Joseph, des heil. röm. Reichs Graf von Kunburg, Freyher von

von Künegg, Sr. kaiserl. königl. apostolischen Majestät ꝛc. ꝛc. wirklicher Kammerer, dann des hohen Erzstiftes Erbschenk. Den 28 Februar. 1764.

Oberstjägermeister.

(Titl.) Herr Herr Johann Gundacker, des heil. röm. Reichs Graf von und zu Herberstein, Sr. kaiserl. königl. apostol. Majestät ꝛc. ꝛc. wirklicher Kammerer. Den 21 December 1764.

Leibguardehauptmann.

(Vacat.)

Die vier Erbämter des hohen Erzstiftes Salzburg begleiten,
als
Erblandmarschall.

(Titl.) Herr Herr Hieronymus, des heil. röm. Reichs Graf zu Lodron, Kastell Roman, Herr zu Kastellan, Kastell Novo, Kastell Alto, Gmünd, und Sommeregg.

Erbschenk.

Sind die (Titl.) Herren Herren Grafen von Kunburg.

Erb-

Erbkammerer.

(Titl.) Herr Herr Norbert Johann, des heil. röm. Reichs Graf von Törring, Jettenbach, auf Ránkam, Vaters und Wursham, zu Tängling, Stallwang, Sinpach, und Peresham, kurpfälzischer Kammerer, Generalfeldmarschall-Lieutenant, dann der löbl. Leibguarde der Hatschier erster Lieutenant, Erblandjägermeister in Bayern, dann des fürstlichen Domstifts Regensburg Erbmarschall, des hohen Maltheser- und bayerl. Ritterordens St. Georgii Comenthur, Senior Famillie, und Comun-Director beyder Herrschaften Törring und Tängling, und Pfleger zu Cham.

Erbtruchseß.

Der durchlauchtig hochgebohrne Fürst und Herr Herr Johann Friderich, des heil. röm. Reichs Fürst von Lamberg, Freyherr von Ottenegg, und Ottenstein, auf Stockern und Amerang, Sr. kaiserl. königl. apostolischen Majest. wirklicher geheimer Rath, und Kammerer, dann Oberstlieutenant bey dem löblichen tyrolischen unterinntalischen Scharfschützen-Regimente, Obersterblandkammerer, und Obersterblandjägermeister in dem Erzherzogthume Oesterreich ob der Enns, Oberst-erblandstallmeister in dem Herzogthume Krain, und der windischen March, Erblandmarschall des Hochstifts Passau, Herr der
Herr-

Herrschaften Steyer, Götzendorf, Berg, Zichowitz, Schiowitz, Rabi, Kaltenitz, Klatrub, Kitzbihel, Rabsburg, Lembach, und Munchau ꝛc.

Oberstkammerer.

(Titl.) Herr Herr Georg Anton Felix, des heil. röm. Reichs Graf und Herr von und zu Arco, Sr. kaiserl. königl. apostol. Majestät ꝛc. ꝛc. wirklicher geheimer Rath und Kammerer, ernennt den 30 Novemb. 1750.

Die hochfürstl. salzburgischen Kammerer.

Herr {
Wolfgang Franz Graf von Ueberacker, Freyherr zu Sieghartstein und Pfongau, Pfleger zu Mühldorf, den 3. July 1740.
Franz Felix Joseph von Schafmann, Freyherr von Hammerles und Kanárowitz, Pfleger in der Abtenau, den 4 October 1741.
Joseph Johann Nepomuck Dücker, Freyherr von Haßlau, Kommendeur des löblichen heiligen Ruperti Ritterorden und kaiserl. königl. Oberstlieutenant, den 5 April 1754.
Adolph Freyherr von Zehmen, churfächsischer geheimer Rath, und Hofrath, den 5 April 1756.
Wolf Christoph Graf von Ueberacker, Freyherr zu Sieghartstein und Pfongau, kaiserl. Reichshofraths Vicepräsident, den 5 April 1756.
Leopold Lasser von der Halden, Freyherr auf Marzoll und Schwarzbach, fürstlich-kemtischer geheimer Rath, Hofmarschall und Pfleger diesseits der Iller, den 25 July 1756.
Friderich de Negri, Pfleger in Hällein, den 18 Februar. 1757.
}

Herr

(Titl. Herr)

Herr Leopold Freyherr von Auer, Pfleger zu Waging, den 5 April 1759.
Herr Wolf Leopold Graf von Ueberacker, Pfleger zu Tittmoning, den 5 April 1759.
Herr Leopold Graf von Lodron, des heil. Ruperti Ordensritter und Leibguardelieutenant, den 28 Februarii 1761.
Herr Johann Nepomuck Graf von Wicka, Oberstlieutenant, den 28 Februarii 1763.
Herr Georg Anton Freyherr von Motzl, wirklicher geheimer Rath, Hofkammer-Vicepräsident und General-Steuereinnehmer von der Ritterschaft, auch Landmann, den 21 December 1764.
Herr Maximilian Freyherr von Rhelingen zu Goldenstein, Ursprung und Elsenheim, steyerisch-kärntnerisch- und salzburgischer Landmann, kaiserl. königl. Hauptmann, den 21 December 1766.
Herr Leopold Graf von Platz, Freyherr zum Thurn, Herr zu Neuhäusel, steyerisch-kärntnerisch- und salzburgischer Landmann, Hofkammerrath, den 1 Februar 1768.
Herr Andrea Gottlieb Freyherr von Prank, des heil. Ruperti Ordensritter, Oberster- und Stadtkommandant, auch Hofkriegsraths-Direktor, dann Landmann, den 20 July 1768.
Herr Johann Nepomuck Freyherr von Rehlingen, Oberstsilberkammerer und Hofkammerrath, den 1 Jäner 1770.
Herr Wolf Joseph Graf von Ueberacker, Hof- und Hofkammerrath, den 28 November 1773.
Herr Franz Christoph Freyherr von und zu Lehrbach, kaiserl. königl. Oberstjäger- und Obersterforstmeister in dem österreichischen Innviertel, den 2 May 1774.
Herr Franz Freyherr von Würz a Rudenz, fürstlich-kostanzischer wirklicher Hofrath und Obervogt der Stadt und Herrschaft Arbon, den 14 März 1774.

C   Herr

(Titl. Herr) {
Herr Franz Freyherr von Enzenberg, wirklicher geheimer Rath und Hofrath, auch residirender Minister am kaiserl. königl. Hoflager, Lehenkommissarius in Oesterreich und Hauptmann zu Träsmauer den 12 July 1776.
Herr Ferdinand Dücker, Freyherr von Haßlau, Oberstwachtmeister, des heil. Ruperti Ordensritter und Landmann, den 1 August 1778.
Herr Karl Graf und Herr von und zu Arco, Oberstküchenmeister und Pfleger zu Neuhaus, den 16 Jäner 1779.
Herr Joseph Freyherr von Rehlingen zu Goldenstein, Herr auf Ursprung und Elsenheim, Viceoberststallmeister, den 30 September 1780.
Herr Sigmund Dücker, Freyherr von Haßlau, den 30 September 1781.

Der hochfürstliche geheime Rath.

Das Haupt hievon sind Seine hochfürstliche Gnaden unser gnädigster Landesfürst, und Herr Herr ꝛc. ꝛc.

(Titl.) Seine fürstliche Gnaden Bischof zu Chiemsee ꝛc. den 31 December 1753.
(Titl.) Seine fürstliche Gnaden Bischof zu Seckau ꝛc. den 1 Jäner 1780.
(Titl.) Seine fürstliche Gnaden Bischof zu Lavant ꝛc. den 1 Juny 1777.

(Titl. Herr) {
Herr Domprobst des hohen Erzstifts, Vigilius Maria des heil. röm. Reichs Fürst zu Firmian, resignirter Bischof zu Lavant, den 29 September 1744.
Herr Franz Xaver, des heil. röm. Reichs Fürst von Breuner, Domherr, den 30 April 1773.

(19)

(Tit. Herr)

Herr Beda, Abt des uralten löblichen Klosters des heil. Peters des Ordens des heiligen Benedikts in Salzburg, den 29 July 1753.

Herr Domdechant des hohen Erzstiftes, Sigmund Christoph, des heil. röm. Reichs Erbtruchses Graf von Zeill, und Trauchburg, den 14 Juny 1781.

Herr Columbanus, Abt des uralt-löblichen Klosters Admont, des Ordens des heiligen Benedikts, den 18 September 1779.

Herr Franz Lactanz des heil. röm. Reichs Graf und Herr zu Firmian ꝛc. Obersthofmeister, den 29 December 1735.

Herr Georg Anton Felix, des heil. röm. Reichs Graf und Herr von und zu Arco ꝛc. Oberstkammerer, den 1. Jäner 1733.

Herr Niklas Sebastian, des heil. röm. Reichs Graf von Lodron, Obersthofmarschall, den 28 Febr. 1769.

Herr Leopold des heil. röm. Reichs Graf von Künburg, Oberststallmeister, den 28 Februar. 1764.

Herr Gundacker, des heil. röm. Reichs Graf von und zu Herberstein, Oberstjägermeister, den 23 Jän. 1765.

Herr Christoph Graf von Seau ꝛc. Dechant zu Deisendorf, frey resignirter Probst zu Maria Saal, den 5 April 1766.

Herr Georg Anton Freyherr von Mohl, Hofkammer-Vicepräsident und Generalsteuereinnehmer von der Ritterschaft, den 28 Jäner 1772.

Herr Franz Freyherr von Enzenberg, Kammerer, residirender Minister am kaiserl. königl. Hoflager, Lehenkommissarius in Oesterreich und Hauptmann zu Trasmauer, den 12 July 1776.

Herr Franz Anton Freyherr von Kürsinger, Hofkanzler, den 5 December 1773.

Herr Johann Sebastian Freyherr von Zillerberg, hochfürstlicher Komitial- und Direktorialgesandter zu Regensburg und Landmann, den 1 November 1777.

e 2   Herr

(Titl. Herr)
Herr Pater Constantin Langhaider, Doktor der beyden Rechte, des Ordens des heil. Benedikts zu Kremsmünster, Rektor Magnificus der hochlöbl. erzbischöflichen Universität, den 30 August 1766.
Herr Franz Thaddä von Kleienmayrn, Hofrathsdirektor, den 24 Septemb. 1767.
Herr Gottfried Ludwig von Moll, Pfleger zu Zell in Zillerthal und Fügen, den 1 May 1770.
Herr Franz Anton Edler von Aman, Generaleinnehmer, auch Hofkammer- und Bergwerksrath, den 1 Jäner 1776.
Herr Rochus Sebastian von Luibl, Hofkammerdirektor, R. Ritter, und Landmann in sammentlich österreichischen Erblanden, den 1 Jäner 1780.
Herr Franz Xaver Hochbüchler, Konsistorial-Direktor, den 12 Jäner 1780.

Die hochfürstliche geheime Kanzley.

Direktor.

(Titl.) Herr Herr Franz Anton Freyherr von Kürsinger, Hofkanzler, geheimer Rath und Lehenprobst, den 9 Jäner 1774.

Archivarius und Sekretarius.

(Titl.) Herr Johann Nepomuck von Zillerberg, Hofrath, Landmann, und Pfleger zu Neumakt, den 9 Jäner 1774.

Registrator und Taxator.

Herr Joseph Eyweck, und Hofrathssekretarius.

Kanzellisten.

Herr Rupert Groß.
Herr Christian Siegmund Aichhammer.
Herr Franz Burkard Cetti.
Herr Romuald Widmann, Protokollist.
Herr Wolfgang Schnizbauer, Kursor.

Hochfürstliches Postamt, so unter dem geheimen Kanzleydirektorium stehet.

Postverwalter.

Herr Georg Felix Genzler, den 28 November 1783.
Herr Anton Kofler, Kontroleur.
Herr Anton Schuester, Schreiber den 28 Decemb. 1783.
Sebastian Mayr, Conducteur über den radstädter Tauern.

Ritter des wohl löblichen heiligen Ruperti Ritterordens.

Kommendeur.

(Titl.) Herr Herr Joseph Johann Nepomuck Dücker Freyherr von Haßlau, auf Urstein und Winkel, Kommendeur des löblichen heiligen Ruperti Ritterordens, und kaiserlich-königl. Oberstlieutenant, wird zum Ordenskommendeur erwählt, den 16 Novemb. 1767.

Ritter, die die wirklichen Präbenden zu geniessen haben.

(Titl. Herr)
Leopold Graf zu Lodron, Kammerer und Leibgardelieutenant, 1758.
Andreä Gottlieb Freyherr von Prank, Kammerer, Stadtoberster und Stadtcommandant, Hoffkriegsrathsdirektor, dann Landmann, 1769.
Ferdinand Dücker, Freyherr von Haßlau, Kammerer, Oberstwachtmeister und Landmann, 1778.
Gottlieb Freyherr von Griming, kaiserl. königl. Hauptmann unter dem löbl. Terzischen Regiment, 1784.

(12)

Ritter ad honores.

Herr Johann Nepomuck Klaudius Torquatus Christani, Freyherr von Rall, kaiserl. königl. Generalfeldmarschall-Lieutenant, 1740.

Ritter-Expectanten.

(Titl. Herr)
- Siegmund Ernst Graf von Thun und Hohenstein, kaiserl. königl. Unterlieutenant unter dem löblichen migazischen Infanterieregimente, 1766.
- Siegmund Freyherr von Prank, 1771.
- Siegmund Graf von Wicka, 1784.

Herr Franz von Mayrau, Ordensverwalter.

Die dieses Jahr den Hof frequentierende und allhier studierende Herren Herren Cavalliere nach alphabetischer Ordnung.

(Titl. Herr)
- Maximilian Graf von Althan.
- Leopold Graf, und Herr von und zu Arco.
- Franz Xaver Graf von Galler.
- Franz Jos. Graf von Künburg, Domherr zu Ellwangen.
- Rudolph Graf von Wallis.

Die hochfürstlichen Dikasterien.

Das hochwürdige- hochfürstliche hochlöbliche Konsistorium.

Präsident.

(Titl.) Der hochwürdige hochgebohrne Herr Herr Joseph, des heil. röm. Reichs Graf und Herr zu Stahrenberg, Domkustos, des hohen Erzstiftes Domherr, den 21 Juny 1775.

Di

Direktor.

(Titl.) Herr Franz Xaver Hochbichler, und wirklicher geheimer Rath, den 1 Jäner 1777.

Räthe.

Anton Medardus Krenner. Konsistorialkanzler und Notarius publicus in Curia Romana immatriculatus, den 28 Februar. 1757.
Jakob Mayrler, Regent in dem hochfürstlichen Priesterhause, den 27 Februar. 1761.
Albert Edler von Mölk, Vicekustos in der hochfürstl. Domkirche, Landmann und Kanonicus zu St. Johann in Regensburg, den 24 Februarii 1772.
Johann Michael Bönike, in geistlichen Sachen geheimer, und Konsistorialsekretarius und Notarius, der heil Schrift Doktor, den 8 Februar. 1773.
Ernst Siegmund Racher, Visitator Generalis, den 17 April 1777.
Philipp Gabriel Taller, beyder Rechte Doktor, den 7 August 1777.
Zacharias Lang, Visitator Generalis den 2 December 1782.

(Titl. Heer)

Konsistorialräthe, die aber dermalen nicht frequentiren.

(Titl.) Herr Herr Seyfried Graf von Gallenberg, resignirter Dechant zu Tittmoning, den 1 Novemb. 1771.
(Titl.) Herr Ferdinand Joseph Mayr, Dechant zu Mühldorf, den 16 May 1753.
(Titl.) Herr Johann Nepomuck Kastelitz, der Gottesgelehrtheit Doktor, apostolischer Protonotar, Pfarrer und

und Kommissarius zu Altenmarkt, laybachischer Diöces, den 10 December 1755.

(Titl.) Herr Franz Joseph Schnediz, beyder Rechte Doktor, Probst und Erzpriester zu Friesach, Pfarrer zu Kapl, den 14 Jäner 1768.

(Titl.) Herr Peter Neuhausen, Pfarrer zu Ainring, den 13 August 1768.

(Titl.) Herr Franz Leopold Kaserer, Pfarrer zu Petting, den 20 July 1770.

Hochfürstliche geistliche Titularräthe.
Von den (Titl.) Herren Prälaten und Pröbsten.

(Titl.) Herr Augustin, Abt zu Seon, den 4 August 1760.

(Titl.) Herr Annianus, infulierter Probst zu Högelwerth, den 4 November 1762.

(Titl.) Herr Nikolaus, Abbt zu Michaelbayern, den 7 Juny 1783.

(Titl.) Herr Godefried, Prälat des Prämonstratenser Stifts zu Griffen in Kärnthen, den 14 Jäner 1780.

Hochfürstliche geistliche Titularräthe.
Von den (Titl.) Herren Cavallieren.

(Titl.) Herr Wolfgang Karl Graf von Ueberracker, u. Landmann, Dechant und Pfarrer zu Seekirchen, den 31 May 1768.

(25)

(Titl.) Herr P. Johann Nepomuck Lobron, Benediktiner zu Kremsmünster, den 28 Februar 1766.
(Titl.) Herr Karl Freyherr von Tschiderer, resignirter Dechant und Pfarrer zu Lienz, den 1 Nov. 1781.

Hochfürstliche geistliche Titularräthe.

Von den (Titl.) Herren Erzpriestern in Steyermarkt und Kärnthen.

(Titl. Herr)
{
Franz Peter Leopold Krebs, Erzpriester und Hauptpfarrer zu Pöls, den 3 Jäner 1756.
Dominikus Tschernigoy, Probst auf St. Virgilienberg bey Friesach in Unter- auch Erzpriester in Oberkärnthen und Stadtpfarrer zu Gmünd, den 28 Febr. 1758.
Anton Gruber, der Gottesgelehrheit Doktor, Stadtpfarrer und Erzpriester zu Prugg an der Muhr, den 16 Jäner 1762.
Joseph Eichmayr, der Gottesgelehrheit Doktor, Erzpriester und Stadtpfarrer zu Gräz, Archidiacon in dem vorauischen Djstrikte, den 24 Juny 1763.
Joseph Wenzl Stöger, Erzpriester zwischen Muhr und Dra, Pfarrer zu Straßgang, den 26 Märtz 1767.
Anton Joseph Hietl, Erzpriester zu Ternach, und Probst zu Völckenmarkt, den 8 Hornung 1773.
Joseph Peinthor, der Gottesgelehrheit Doktor, Dechant und Pfarrer zu Waizberg, den 14 März 1773.
}

Hochfürstliche geistliche Titularräthe.

(Titl. Herr) Johann Georg Feßler, der Gottesgelehrheit Doktor, hochfürstl. eychstädtischer wirklicher geheimer Rath und Stadtpfarrer zu Beyliengrieß, den 1 May 1755.

P. Her-

(Tit. Herr)

P. Hermann Scholliner, Benediktiner zu Oberaltaich, der Gottesgelehrtheit Doktor, und der dogmatischen Theologie öffentlicher Lehrer auf der hohen Schule zu Ingolstadt, apostolischer Protonotar, fürstlich-freysingischer geistlicher Rath, den 1 Novem. 1759.

Johann Vital Seninger, Dechant und Pfarrer zu Köstendorf, den 28 Februar 1760.

Dominikus Anton Zadra, Hoffkapellan, den 28 Februarii 1760.

Philipp Wedenigg, Dechant und Pfarrer zu Völkenmark, den 28 Februar 1760.

Joseph Aichwalder, Probst zu Gurnitz in Kärnthen, den 6 December 1760.

P. Anselmus Pellhamer, des Ordens des heiligen Benedikts, Professus zu Frauenzell, den 1 May 1763.

Franz Joseph Daubrawa von Daubrawaick, Pfarrer zu Haslach und Traunstein, den 28 Febr. 1764.

Franciscus Salesius Hofer, Dechant zu Salfelden, den 20 August 1764.

P. Romanus Digl, Benediktiner zu Seittenstetten, der Gottesgelehrtheit Doktor, den 6 Novemb. 1764.

P. Michael Lory, Benediktiner zu Tegernsee, der Gottesgelehrtheit Doktor, und derselben ordentlicher Lehrer, der Universität Procanzellarius und Vicerektor, den 4 Novemb. 1766.

Johann Altenberger, Dechant zu Piesendorf, den 5 August 1767.

P. Aemilianus Ussermann, Benediktiner zu St. Blasii, den 4 November 1767.

P. Virgilius Leopoldinger, Benediktiner von St. Peter, den 28 Februar 1768.

Franz Karl Schober, Archidiaconalkommissarius in Lungau und Pfarrer zu Damsweg, den 14 April 1769.

P. Anselmus Rittler, Benediktiner zu Weingarten, der Gottesgelehrtheit Doktor, und derselben ordentlicher Lehrer, den 13 November 1769.

Jo-

Joseph Melchior Stephan, Dechant zu Zell im Ziller:
thal, den 8 December 1769.
Johann Karl Hilber, Dechant zu Laufen, den 29
Jäner 1770.
Johann Anton Gaßmayr, Pfarrer zu Bergham, den
1 May 1770.
Benedikt Ignatz Eſtendorfer, Dechant und Pfarrer zu
Haus und Schladming: den 15 Auguſt 1771.
Johann Wilhelm von Sterzinger und Sigmundsried
zum Thurn in der Breiten, auch Lichtenwerth und
Münſter, tyroliſcher Landmann, der heiligen Schrift
Doktor, Dechant und Pfarrer zu Lienz, den 15
September 1771.
P. Florian D'allham, der Gottesgelehrtheit Doktor,
Clericus Regularis e Scholis püs. Hof: Theologus
und Hofbibliothekarius, den 1 Juny 1772.
Anton d'Auguſtini, Agent zu Rom, den 8 Sept. 1772.
P. Damaſcenus Kleynmayrn, Benediktiner zu Weſen:
brunn, beyder Rechte Doktor, und der geiſtlichen
Rechte ordentlicher Lehrer, den 7 Novemb. 1773.
Johann Ilbe von Udenau, Dechant und Pfarrer zu
Mariaſaal, der Gottesgelehrtheit und beyder Rech:
te Licentiat, apoſtoliſcher Protonotar, den 25 No:
vember 1773.
Johann Joseph Pecher, Dechant und Pfarrer zu Gut:
taring, den 12 Februar 1774.
P. Simpertus Schwarzhueber, Benediktiner zu Weſen:
brunn, der Gottesgelehrtheit Doktor und derſelben
ordentlicher Lehrer, dann der Univerſität Sekretarius,
den 10 November 1774.
Anton Peter Regalat Edler von Sterzinger zu Salz:
rain, der Weltweis: und Gottesgelehrtheit Dok:
tor und öffentlich wirklicher Lehrer der Paſto:
ral:Theologie auf der kaiſerl. königl. Univerſität zu
Innsbruck Studiorum Hum. Præſes, Director in
Tyrol der gelehrten Geſellſchaften zu Roveredo
und

(Titl. Herr)

(28)

(Titl. Herr)
und München Mitglied, apostolischer Protonotar, und ordentlicher Beysitzer bey der kaiserl. königl. Schulenkommission, den 15 Oktober 1775.
P. Andreas Dóz, Benediktiner zu St. Peter, Prior allda, den 23 Decemb. 1775.
P. Thiemo Rauscher, Benediktiner zu St. Peter, Probst zu Wieting, den 30 Septemb. 1776.
P. Benedikt Oberhauser, Benediktiner zu Lambach, beyder Rechten Doktor, den 12 Octob. 1776.
Johann Andrea Decker, Dechant zu Tittmoning, den 1 März 1778.
P. Ildephons Abl, Benediktiner zu St. Peter, der Gottesgelehrtheit Doktor, und derselben im Sittlichen ordentlicher Lehrer, den 7 December 1778.
Georg Heeg, der Gottesgelehrtheit Doktor, Pfarrer zu Winhöring, den 8 April 1779.
Anton Oberbauer, Dechant und Pfarrer zu Buchbach, den 10 März 1780.
Franz Xaver Kammel, Dechant und Pfarrer zu Zeilarn, den 15 Juny 1780.
Johann Adam Rieger, Dechant und Pfarrer zu Altenmarkt, den 28 Juny 1782.
Johann Georg Winkelhofer, Dechant am Hallein, den 1 July 1784.
Peter Regalat von Unterrichter zu Rechtenthall tyrolerischer Landmann, der Gottesgelehrtheit Doktor, Capitular Canonicus zu Innichen, und Vorsteher der pfarrlichen Seelsorg zu Girlan, den 16 Aug. 1784.

Die hochfürstlichen Hofkapelläne.

(Titl.) Herr Dominikus Anton Zabra, geistlicher Rath, und Beneficiat zu St. Leonhard, 1742.
Herr Johann Baptist Varesco, Beneficiat zu St. Nikola, Supernumerarius, 1766.
Herr Joseph Scheck, Kapelldiener.

Stadtkapelläne.

Herr Franz Elly.
Herr Michael Reisinger.
Herr Aloys Wagner.

Registrator des hochwürdigen Konsistoriums.

Herr Joseph Christoph Goiger, beyder Rechte Doktor, und Kapellan bey unser lieben Frau im Bergel, den 6 December 1743.
Herr Mathias Obenholzer, Mitregistrator, den 5 May 1772.
Herr Johann Ernst Mitterwallner, Protocollist und General-Visitations-Actuarius.
Herr Franz Markreuter, Protocollist und General-Visitations-Actuarius.

Chorvikarien.

(Titl. Herr)
Christoph Bachmayr, Chorregent.
Johann Anton Eismann, Chorregent.
Anton Schipfl, Ceremoniarius.
Benediktus Schmutzer, Subcustos.
Anton Einkäs.
Ignatius Seeleutner.
Franciscus Cajetanus Moshee.
Laurentius Lineberger.
Donatus Stettinger.
Johann Baptist Settl.
Probus Leopoldus Pichler.
Johannes Thaddäus Hofmann Kapellpräfect, und Elemoynarius.
Johannes Georgius Firmus Schmid.
Franciscus Karolus Schulz.
Anton Franz Weyerer.
Joseph Seraphim Moser.
Franz Knozenberger.
Jakobus Eggschlager.
Ignatz Wagner.
Anton Aloys Schilling.

Des

Des hochwürdigen Konsistoriums Kanzley-Verwandte.

(Tit. Herr)
Balthasar Weißhauser, beyder Waisenhäuser Verwalter, den 11 März 1742.
Joseph Proßinger, den 30 October 1761.
Johann Georg Medard Wolfsmiller, U. L. Frau unterm Berg Verwalter, den 12 April 1766.
Kaspar Laurenz Strobel, den 5 May 1770, und Expeditor den 22 März 1773.
Wolfgang Azinger, Kursor den 22 März 1773.

Der hochfürstliche hochlöbliche Hofrath.

Präsident.

Der hochwürdige hochgebohrne Herr Herr Josephus des heil. röm. Reichs Graf von Attembs, des hohen Erzstifts Domherr, den 6 July 1777.

Vicepräsident.

(Vacat.)

Hofkanzler.

(Titl.) Herr Franz Anton Freyherr von Kürsinger, geheimer Rath ꝛc. den 9 Jäner 1774.

Direktor.

(Titl.) Herr Franz Thaddä von Kleienmayern, geheimer Rath; den 9 August 1774.

Räthe.

(Titl.) Herr Herr Georg Freyherr von Moßl, Hofkammervicepräsident, Kammerer, geheimer Rath und Generalsteuer- Einnehmer, auch Landmann, den 17 July 1751.

(Titl. Herr)
- Georgius Freyherr von Papius, den 8 Octob. 1771.
- Ignatz Freyherr von Degelmann, den 26 Horn. 1780.
- Friederich Maria von Zillerberg, Landmann, den 30 Septemb. 1750.
- Johann Philipp Steinhauser von Treuberg, beyder Rechte Doktor, und des Juris publici ordentlicher Lehrer, den 30 Novemb. 1752.
- Karl Lierzer, Hoftammerprokurator, den 5. April 1754.
- Wilhelm Joseph von Grand Jean, den 9 May 1754.
- Johann Nepomuck von Zillerberg, geheimer Kabinets-Sekretarius und Landmann, auch Pfleger zu Neumark, den 5 April 1755.
- Johann Baptist Kammerlohr von Weichingen, Landmann, den 5 April 1756.
- Johann Anton von Schallhammer, beyder Rechte Doktor, und der Instituten ordentlicher Lehrer, den 5 April 1756.
- Johann Baptist Karl von Koslern, beyder Rechte Doktor, und der Pandekten ordentlicher Lehrer, den 5 November 1761.
- Joseph Schloßgängl von Edlenbach, den 28 Feb. 1762.
- Joachim Vital Hermes von Fürstenhof, Pfleger zu Stauffenegg, den 21 Decemb. 1765.
- Joseph Ernest Gilowsky von Urazowa, den 21 Decemb. 1765.
- Benedikt Edler von Loes, hochfürstlicher Stadtsindikus, den 6 Juny 1769.
- Joachim von Schidenhofen zu Stum und Triebenbach, Landmann, den 1 May 1771.
- Martin Sauter, den 31 May 1775.
- Franz Joseph Titus, beyder Rechte Licentiat, den 1 März 1783.

Wirk-

Wirkliche und andere Hofräthe, die aber dermalen nicht frequentiren.

(Tit. Herr)

Herr Franz Joseph Xaver Johann Nepomuck Freyherr von Enzenberg Kammerer und wirklich geheimer Rath, auch residierender Minister am kais. königl. Hoflager und Lehenkommissarius in Oesterreich, dann Hauptmann zu Träsmauer, den 27 July 1737.

Herr Adolph Freyherr von Zehmen, Kammerer, den 5 April 1756.

Herr Leopold Auer, Freyherr Gold von Lampoding Pfleger zu Waging, den 10 August 1760.

Herr Wolfgang Leopold Graf von Ueberacker, Pfleger zu Tittmoning, den 5 April 1761.

Herr Wolfgang Joseph Graf von Ueberacker, und Hofkammerrath, den 28 März 1777.

Franz Xaveri von Kosteru, Pfleger zu Glanegg, den 4 October 1741.

Johann Joseph Ferdinand Kammerlohr von Weichingen, Landmann und jubilierter Pfleger zu Mattsee, den 14 Febr. 1746.

Johann Wenzel Helmreich von Brunfeld, Pfleger zu Moßham, den 4 Jäner 1749.

Maximilian von Schnedizeni, auch Hofkammerrath, den 2 April 1750.

Johann Ernst von Markloff, hochfürstl. salzburgischer geheimer Legationsrath und Sekretarius zu Regensburg den 21 Septemb. 1752.

Johann Anton Daubrawa von Daubrawaick, eines hochwürdigen Domkapitels allhier Syndikus, den 19 Novemb. 1759.

Joseph Joachim von Loßbichl, Pfleger zu Golling, den 28 Febr. 1760.

Patri

(33)

(Tit. Herr)
Patritius Kurz von Goldenstein, Pfleger zu Werfen, den 5 September 1762.
Ferdinand Damian Haas, beyder Rechte Licentiat, des kaiserl. Kammergerichts Procurator, und hochfürstlich bestellter Agent, den 6 August 1767.
Wolfgang Adam Ignatz Lasser von Zollheim, des heil. röm. Reichs Ritter, Landmann und Pfleger in der Windischmatterey, den 25 Septemb. 1768.
Franz Bernhard von Edlingen, Administrator und Kastner zu Judenburg, den 5 Novemb. 1768.
Ferdinand von Pichl, Landmann und Pflegs-Kommissarius zu neumarkt, den 14 März 1775.
Franz Joseph Regelin von Plumenfeld, hochfürstl. bestellter Agent an dem kaiserl. Reichshofrath in Wien, den 25 July 1776.
R.... ert von Kleienmayrn Pfleger zu Thalgey, den 14 März 1779.
Gottfried Ignatz Edler von Ployer, hochfürstl. bestellter Hofagent in Wien, den 1 Jäner 1780.
Joseph Edler von Baumgarter beeder Rechten Doctor den 30 Novemb. 1784.

Hochfürstliche Titular-Räthe.

(Tit. Herr)
Silvester Barisani, als hochfürstl. salzburgischer Leibmedicus ꝛc. welcher seinen Rang unmittelbar nach den hochfürstl. geheimen Räthen hat, wird Rath den 30 Nov. 1749, Leib und Hofmedicus den 6 May 1766.
Franz Joseph Franciscis, fürstlich. Chiemseeischer Pfleger zu Fischhorn, den 21 Novemb. 1744.
Johann Engelbrecht Ferchl, Medicinä Doktor, Stadt- und Landschaftsphisikus zu Mühldorf, den 30 November 1748.
Matthias Karl Jaut, beyder Rechte Doktor, Hofrichter zu St. Peter, den 21 Novemb. 1753.
Johann Ernst von Helmreich zu Brunfeld, Medicinä Doktor, Landschaftsphisikus, den 5 April 1756.

F   Jo-

Joseph von Helmreich zu Brunfeld, Medicinä Doktor, Stadtphisikus, den 5 April 1756.
Anton von Wirtenstädter, Stadtphisikus zu Radstadt, den 5 April 1757.
Felix Rudolph Agliardi, den 1 May 1760.
Johann Christoph Trauner, Pfleger zu Mittersill, den 28 May 1762.
Rochus Braun, Pfleger zu Salfelden, den 15 October 1762.
Franz Joseph von Grembs, Kastner zu Mattsee, den 28 Februar. 1763.
Tobias Rudolph Moser, fürstlich. Chiemseeischer Hofrichter, den 28 Febr. 1766.
Franz Xaveri Jud, Administrator der Herrschaft Landsberg, den 12 May 1767.
Joseph Franz Götzinger, Pflegskommissarius zu Lengber, den 27 Febr. 1769.
Johann Christoph von Rothmayr, Pfleger zu Taxenbach, den 6 October 1769.
Johann Baptist Berchtold von Sonnenburg, Pfleger zu Hüttenstein, den 16 Novemb. 1769.
Johann Baptist Siegmund Berti von Mührenfeld, den 1 May 1770.
Anton Bridi, beyder Rechte Doktor, den 30 November 1770.
Johann Qualbert Magauer, Pfleger zu Zell in Pinzgau, den 21 Decemb. 1770.
Matthias Joseph Kaiser, Pfleger zu Lofer, den 21 December 1770.
Joseph von Rosenbichel, Gült- und Zehendinspektor zu Marburg, den 17 August 1771.
Gottlieb Edler von Weirother, des heil. röm. Reichs Ritter, Oberbereiter, den 12 Septemb. 1773.
Anton Puchmann, Leibmedicus secundarius, den 14 Novemb. 1773.

(Titl. Herr.)

Lo=

(35)

(Titl. Herr)
- Lorenz Joseph Polis, den 13 July 1774.
- P. Dominikus Beck, Benediktiner zu Ochsenhausen, der Mathesis öffentlicher Lehrer allhier, dann der gelehrten Versammlung zu Bononien, München, und Rovered̃o ordentliches Mitglied, den 27 Nov. 1778.
- Johann Michael Leitner, Agent zu Wien, den 4 December 1779.
- Johann Leopold Zeillner, mehrerer Herrschaften in Oesterreich Administrator, den 6 Novemb. 1783.
- Johann André Lasser von Zollheim, Landmann und Pfleger zu Hopfgarten, den 26 Decemb. 1784.

Sekretarien des hochfürstl. hochlöblichen Hofraths.

Herr
- Joseph Egweck, geheimer Kanzleyregistrator, den 1 November 1760.
- Nikolaus Strasser, Hofrathsregistrator, den 28 Februarii 1761.
- Judas Thadäus Sigmund Wieser, den 23 März 1763.
- Johann Hofer, den 2 Februar. 1776.
- Joseph Anton Millberger, den 2 Jäner 1783.

Titular Hofrathssekretarien.

Herr Franz de Paula Köllenberger, Stadtrichter und Umgelder im Hallein, den 21 Decemb. 1770.
Herr Adam Hubert Bauer, fürstl. eychstädtischer Legationssekretarius zu Regensburg, den 7 Februar 1782.

Die hochfürstlichen Konsistorial= und Hofrathsadvokaten.

Herr
- Joachim Anton Steger, beyder Rechte Doktor, Notar. publ. Apostol. & Cæsar. immatricul.
- Johann Hutter, beyder Rechte Doktor, und öffentlicher kaiserl. Notarius.
- Judas Thadäus Zauner, beyder Rechte Licentiat, und öffentlicher kaiserl. Notarius.

Des hochfürstlichen-hochlöblichen Hofraths Kanzleyverwandte.

Herr
- Nikolaus Strasser, Secretarius, Registrator und Taxator, den 2 April 1762.
- Alexander Härl, Registraturesverwandter.
- Joseph Gottlieb Scherkhofer, Expeditor, den 21 Juny 1760.
- Lorenz Aigner, den 12 Novemb. 1759.
- Johann Michael Ludwig, den 2 August 1762.
- Franz Xaveri Wenzl, den 9 Novemb. 1766.
- Kajetan Nikolaus Hackmann, den 1 März 1770.
- Georg Joseph Piarelli, den 2 Jäner 1783.
- Andreas Payrner, den 24 Jäner 1783.
- Martin Strasser den 22 Octobris 1784.
- Johann Baptist Better, Hofrathsdiener.

Hochfürstliche Ritterlehenprobstey.

(Titl.) Herr Franz Anton Freyherr von Kürsinger, Hofkanzler, und geheimer Rath, den 9 Jäner 1771.
Herr Nikolaus Strasser, Lehensekretarius.
Georg Joseph Piarelli, Lehenschreiber.

Hochfürstlich = salzburgische Lehenkommissarien in Wien, Steyer und Kärnthen.

In Wien.

(Titl.) Herr Herr Franz Freyherr von Enzenberg, Kämmerer, und wirklich geheimer Rath, auch residirender Minister am kaiserl. königl. Hoflager, dann Hauptmann zu Träsmauer, den 12 August 1776.

Zu Grätz in Steyermark.

(Titl.) Herr Herr Johann Anton Graf von und zu Herberstein, Sr. kaiserl. königl. apostol. Majestät Kämmerer, und des landesfürstl. Landrechts in Steyermarkt Rath.
Herr Anton Schretter, Lehensekretarius.

Zu Klagenfurth in Kärnthen.

Herr Joseph Baumgarten, beyder Rechte Doktor, Lehensekretarius, auch hochfürstl. Gewalttrager.

Die hochfürstlich-hochlöbliche Hofkammer
Präsident.

Der hochwürdige hochgebohrne Herr Herr Karl Hanibal des Heil. Röm. Reichs Graf von Dietrichstein ꝛc. des hohen Erzstiftes Domherr, den 1 July 1755.

Vicepräsident.

(Titl.) Herr Herr Georg Anton Freyherr v. Moßl, Kammerer und wirklicher geheimer Rath, den 21 Decemb. 1770.

Direktor.

Herr Rochus Sebastian von Luidl, wirklicher geheimer Rath, R. Ritter. und Landmann in sämmtlichen J. Oest. Landen, den 1 Jäner 1776.

Räthe.

(Titl. Herr)
- Herr Johann Nepomuck Freyherr von Rehlingen, Kammerer und Oberstsilberkammerer, auch Landmann, den 17 July, 1769.
- Herr Leopold Graf von Plaß, Kammerer, den 17 Juny 1771.
- Herr Wolfgang Joseph Graf von Ueberacker, Kammerer und Hofrath, den 3 April 1777.
- Herr Karl Graf und Herr von und zu Arco, Kammerer, Oberstküchenmeister, und Pfleger zu Neuhaus, den 16 Jäner 1779.
- Herr Karl Freyherr von Gemingen kaisl. königl. Kammerer und Vceoberstjägermeister, den 13 July 1781.

Herr

(38)

(Titl. Herr) { Herr Joseph Freyherr von Rehlingen zu Goldenstein auf Ursprung, und Elsenheim, Vicevberstftallmeister, den 26 September 1781.
Herr Franz Anton Edler von Aman, geheimer und Bergwerksrath, den 1 Jäner 1762.
Johann Qualbert Daubrawa von Daubrawaick, Pfenningmeister, den 1 September 1738.
Thaddä Anselm Zierzer von Zehenthal, Landmann und Berghauptmann, dann dirigirender Bergwerkskommissarius, den 4 October 1744.
Johann Elias Edler von Geyer, Oberstweg-Maut- und Baukommissarius, den 5 April 1746.
Maximilian von Schweizeni, auch Hofrath, den 2 April 1750.
Karl Lierzer, Hofkammerprokurator, den 5 Apr. 1754.
Franz Joseph Edler von Aman, den 28 Febr. 1768.
Joseph Anton Michel, Oberstwaldkommissarius, den 21 Novemb. 1768.
Joseph Siegmund Grimming von Niederrain, steyermarkisch, kärntnerisch- und salzburgischer Landmann, den 11 August 1769.
Ernst von Weingarten, den 1 Novemb. 1769.
Virgil Christoph Daubrawa von Daubrawaick, Münzmeister, den 24 Februar 1772.
Joseph Anton Vögele, den 1 Jäner 1781.
Christoph Siegmund von Pihl, Hof-Umgeldamts-Commissarius, und Bräuwesens Inspektor, den 17 July 1784.
Siegmund Hartmann, den 30 Oktob. 1784.

Hochfürstl. Hoftammerräthe, die aber dermalen in dem Rathe nicht erscheinen.

Titl. Herr Herr Franz Anton Graf von Platz, Pfleger zu Radstadt, den 24 Septemb. 1737.
Titl. Herr Herr Wolfgang Franz Anton Graf von Ueberacker, Freyherr von Sieghartstein und Pfongau, Pfleger zu Mühldorf, den 28 Septemb. 1738.

Herr

(Tit. Herr) {
Herr Franz Joseph Felix von Schafmann, Freyherr von Hammerles und Kanárowitz, Pfleger in der Abtenau, den 24 Septemb. 1741.
Herr Friderich de Negri, Kammerer, Landmann und Pfleger in Hällein, den 5 Februar 1752.
Herr Anton Clemens Graf Alberti von Poya, allhiesiger und tyrolischer Landmann, den 8 May 1765.
Johann Michael Klein, Deputations-Referendarius, dann Pfleger zu Haus und Grömming, den 28 Februar 1762.
Felix Grimming von Niederrain, steyermärktisch-kärntnerisch- und hiesiger Landmann, kurpfälzischer wirklicher Hofkammerrath, dann Pfleg- und Kastenamts-kommissarius zu Wasserburg, den 24 Febr. 1772.
Vasilius Edler von Aman, Generaleinnehmeramts-Adjunkt, den 29 Novemb. 1772.
Christoph Siegmund von Pichl, Landmann, und Pfleger zu Deißendorf, auch Pflegs-Administrator zu Mattsee, den 11 Novemb. 1783.

Die hochfürstlichen Hofkammersekretarien.

Herr {
Johann Joseph Moshamer, den 21 Jäner 1754.
Joseph Matthias Waßner, den 5 April 1759.
Wenzel Enzinger, den 5 September 1764.
Johann Marzellian Hager, Oberstjägermeisterey-Verwalter, den 21 Decemb. 1765.
Johann Christian Lanau, den 21 Decemb. 1766.
Virgil Joseph Dietrich, wirklicher Raitmeister, den 1 September 1769.

Titular=Hofkammersekretarien.

Herr Nicasius Klenberger, den 13 Juny 1757.
Herr Johann Jakob Kendler, Priesterhaus-Oberverwalter, den 25 Jäner 1762.

Franz

Herr {
Franz de Paula Neuntlinger, Hofkammerregistrator, den 21 Jäner 1767.
Franz Ignaz Hueber, Hofmeistereyverwalter, den 22 September 1771.
Andreas Christoph Schretter, Oberwaldmeister in Fungau, den 24 April 1772.

Hofkammer-Registratur.

Herr Franz de Paula Neuntlinger, Registrator.
Herr Johann Baptist Ofner, Registratursverwandter.

Hofkammerkanzellisten.

Herr {
Joseph Georg Matreuter, Expeditor, den 6 November 1761.
Anton Enhueber, den 4 Decemb. 1753.
Johann Joseph Weighard, den 8 Febr. 1760.
Friderich Pregel, den 6 Decemb. 1765.
Christoph Jakob Richter, Kurser, den 10 März 1771.
Karl Schneeweiß, den 26 October 1777.
Franz Khann, den 15 Novemb. 1782.
Ludwig Einkas Titularkanzellist, den 13 Juny 1771.

Das hochfürstliche salzburgische Erbausfergen oder Salzausführungsamt haben folgends 4 Geschlechter zu männlichen Lehen, benanntlich:

Vom Jahr 1278. die Herren Gutrather von alten Gutrath, und Buchstein.

Vom Jahre 1655. die Herren Kammerlohr von Welchingen.

Vom Jahre 1694. die Titl. Herren Dücker, Freyherren von Haßlau, auf Urstein und Winkel.

Vom Jahre 1713. die Titl. Herren Auer zu Winkel, Freyherren zu Gold von Lampoding.

Oberst-

Oberstfischmeisterey.

Oberstfischmeister.

(Titl.) Herr Herr Karl Graf und Herr von und zu Arko, Kammerer, Oberstküchenmeister, Hofkammerrath und Pfleger zu Neuhaus, den 16 Jäner 1779.

Oberstwaldmeisterey Kommissariat.

Herr
{ Joseph Anton Michl Oberstwaldkommissarius, und Hofkammerrath.
Joseph Mathias Waßner, Oberstwaldmeistereykassa-Verwalter und Hofkammersekretarius.
Gottfried Harkender, Konclpist.
Richard Michl, Kanzellist.

Oberwaldmeister.

Herr
{ Andreä Christoph Schretter, Oberwaldmeister in Lungau und Titularsekretarius.
Christoph Michl, Oberwaldmeister zu Stuelfelden.
Philipp Albrecht Keppler, Oberwaldmeister flachen Landes.
Sebastian Schaibl, Oberwaldmeister flachen Landes.
Johann Langlechner, Oberwaldmeister zu Werfen.
Georg Carl Thomcas, Oberwaldmeister zu Saalfelden.

Hochfürstliches General-Einnehmeramt

Generaleinnehmer.

Herr Franz Anton Edler von Aman, geheimer auch Hofkammer-und Bergwerksdeputationsrath, den 22 December 1758.

Generaleinnehmeramts-Adjunct.

Herr Basilius Edler von Aman, und Hofkammerrath, den 15 July 1771.

Hochfürstliches Hofzahlamt.
Hofzahlmeister.
Herr Franz Vincenz Lankmayr, den 17 Novembe 1771.

Kanzleyverwandte allda.
Herr Joseph Knoblach.
Herr Felix Anton Luz.
Franz Paul Altmann.
Herr Franz Exber, Kursor.

Hochfürstliche Hofmeistereyverwaltung.
Herr Franz Ignatz Hueber, Verwalter.
Johann Michael Mayr, Urbar und Lehenschreiber.

Hofkammer-Raitmeisterey.
Wirklicher Raitmeister.
Herr Virgil Joseph Dietrich, den 1 Septemb. 1769.

Mitraitmeister.
Herr Joseph Anton Hueber, den 26 July 1769.

Raitmeisterey-Verwandte.
Herr Franz Paul Pirker, Superrevisor.
Herr Joseph Hofer.
Herr Franz Joseph Stein.

Herr {
Joseph Karl Pichler,
Felix von Waltenhofen.
Johann Michael Zintl.
Anton Vincenz Hartmayr.
Johann Nepomuck Weiß.
Franz Jakob Zauner.
Joseph Brezner.

Die hochfürstliche Hauptmaut.

Herr {
Johann Elias Edler von Geyer, Oberstweg-Bau- und Mautkommissarius und Hofkammerrath.
Vital Rochus Riernsank, Mauteinnehmer.
Ignatz Schmutzer, Amtsschreiber.
Franz Kaspar Kitl, Mauteinnehmer in der Weg-Maut Knigl.

Hochfürstliches Guardarobba-Amt.

Inspector.

Herr Rochus Alterdinger, und Antecamera-Kammerdiener, den 10 Jäner 1781.
Herr Johann Heinrich Türke, Guardarobbagegenschreiber.

Herr {
Franz Reischl, jubilirter Zimmerwarter.
Niklas Perot, Zimmerwarter bey Hof.
Anton Scholl, Zimmerwarter im Mirabell.
Joseph Frey, Zimmerwarter in Laufen.
Johann Georg Zach, Leibschneider.
Wenzl Stark, Guardarobbadiener.
Franz Türke, Guardarobbadiener.
Joseph Schlein, Winkelschneider.
Anton Hizl, Zimmerputzer.

Hochfürstliches Hof-Umgelbamt.

Hofumgelds-Kommissarius.

Herr Christoph Sigmund von Pichl, Landmann, wirklicher Hofkammerrath, und Bräuwesensinspector, auch Pfleger zu Deisendorf, den 17 July 1784.

Herr {Gottlieb Ponkraz Göschl, Hofumgeldsgegenschreiber, den 24 Jäner 1764.
Johann Rupert Fontaine, Umgeldschreiber und Weinvisierer, den 15 Febr. 1776.
Joseph Aman, Umgeldschreiber, den 15 Febr. 1776.

Hochfürstliches Hofkastenamt.

Herr Anton Ferdinand Lux, Hofkastner.
Herr Franz Pantaleon Brandstädter, Gegenschreiber.
Herr Romedi Riser, Kasten- und Mayrschaftsschreiber.

Hochfürstliches Hofkelleramt.

Kellermeister.

Herr Jakob Schmid, und Somelier, den 24 März 1770.
Herr Mathias Drexler, und Kontrolor, den 12 August 1780.

Hofkellner.

Herr Johann Georg Schmid, den 1 Decemb. 1762.
Herr Franz Lechenauer, den 23 März 1770.

Hochfürstliches Hofbauamt.

Oberstbaukommissarius.

Herr Johann Elias Edler von Geyer, Hofkammer- und Kriegsrath, den 1 Juny 1756.

Ingenieurshauptmann, dann Kammeral- und landschaftlicher Architekt.

Herr Ludwig Grenier, den 1 Febr. 1775.

Bauverwalter.

Herr Wolfgang Hagenauer, und Kammerdiener.
Herr Johann Franz Oderpolz, Bauamtsgegenschreiber, den 1 Decemb. 1753.
Herr Joseph Donat Widmann, Kanzellist.

Salz

Salzschreiber.

Herr Gregori Lankmayr, den 8 July 1778.

Hochfürstliche Hofgärtner.

Garteninspector.

Herr { Stephan Haaß, und Hofgärtner zu Mirabell, auch Antecammera Kammerdiener.
Andreas Kern, zu Hellbrunn.
Matthias Nowotny, in der Residenz und Schloßberg.

Verzeichniß.

Aller und jeder in dem hohen Erzstift Salzburg sich befindenden hochfürstlichen Pfleg- und Landgerichtern, auch Herrschaften, dann der daselbst gnädigst angestellten hochfürstlichen Beamten, die unter der hochfürstlichen Hofkammer stehen.

Abtenau.
Inner des Gebirgs.
Pfleger.

(Titl.) Herr Herr Franz Felix von Schafmann, Freyherr von Hammerles und Kanárowitz, und Hofkammerrath, den 15 May 1776.

Pflegskommissarius und Umgelder.

Herr Johann Anton Grill, den 18 Novemb. 1784.

Alt-

Alt- und Lichtenthau, oder Neumarkt.
Auſſer des Gebirgs.
Pfleger.
(Titl.) Herr Johann Nepomuck von Zillerberg, geheimer Archivarius und Sekretarius, auch Hofrath und Landmann, den 30 Septemb. 1774.

Pflegskommiſſarius.
Herr Ferdinand von Pichl, Hofrath und Landmann, den 3 July 1779.

Biſchofhofen.
Inner des Gebirgs.
Gerichtsverwalter und Umgelder.
Herr Patritius Kurz von Goldenſtein, wirklicher Hofrath, und Pfleger zu Werfen.

Caprun oder Zell in Pinzgey.
Inner des Gebirgs.
Pfleger.
Herr Johann Qualbert Magauer, und Rath, den 12 Decemb. 1770.

Gerichtsſchreiber und Umgelder.
Herr Joseph Alexander Schattauer, den 17 Jäner 1776.

Deiſendorf.
Auſſer des Gebirgs.
Pfleger und Umgelder.
Herr Chriſtoph Siegmund von Pichl, wirklicher Hofkammerrath und Landmann, auch Hofumgeldamts-Commiſſarius und Bräuweſensinſpector, den 14 März 1775.

Bräuverwalter.
Herr Sebaſtian Edler von Aman.

Fügen.
Pfleger.
Herr Gottfried Edler von Moll, und wirklicher geheimer Rath, den 14 August 1768.
Amtsschreiber.
Herr Franz Anton Pichler, den 14 August 1768.

Gastein.
Inner des Gebirgs.
Landrichter und Umgelder.
Herr Joseph Karl Schwarzacher, den 25 August 1773.

Glanegg, oder Hellbrunn.
Pfleger und Umgelder.
Herr Franz Xaver von Kostern, und Hofrath, den 25 September 1766.

Goldegg.
Inner des Gebirgs.
Pflegskommissarius und Landrichter zu St. Veit, auch Umgelder.
Herr Ignatz Klinger, den 18 Novemb. 1784.
Herr Joseph Faileis, Mautner in der Lend.

Golling.
Ausser des Gebirgs.
Pfleger und Umgelder.
Herr Joseph von Losbichel, und wirklicher Hofrath, den 10 August 1768.

Großarl.
Inner des Gebirgs.
Landrichter.
Herr Johann Virgil Reuter, den 14 Novemb. 1779.

Hällein.
Außer des Gebirgs.
Pfleger.
(Titl.) Herr Herr Friderich de Negri, Kammerer und Hofkammerrath, dann Landmann.

Stadtrichter und Umgelder.
Herr Franz de Paula Köllenberger, Titularhofrathssekretarius.

Raßier und Hofschreiber.
Herr Franz Kajetan Hitzl.

Salzverweser.
Herr Joseph Haine.

Mautner.
Herr Georg Schmutzer.

Salzbergverweser.
Herr Johann Lindner.

Baumeister.
Herr Franz Jakob Mayer.

Registrator, Pfleger und Schiffschreiber.
Herr Joseph Anton Hochbrugger.

Oberstpfannhausmeister.
Herr Johann Matthäus Schreiber.

Grießmeister.
Herr Joseph Ignatz Lechner.

Salzverweßgegenschreiber.
Herr Anton Göppinger.

Bauamtsgegenschreiber.
Herr Franz Hem.

Mitpfannhausmeister.
Herr Joseph Siegmund Kolberer.   Grieß

Grießgegenschreiber.
Herr Paul Feileis.

Oberhofholzeinnehmer.
Der { Georg Käml.
       Georg Geißler.

Unterpfannmeister.
Herr Markus Schmälzl.

Henndorf.
Ausser des Gebirgs.
Bräuverwalter.
Herr Franz Fuchslmüllner.

Hüttenstein oder St. Gilgen.
Ausser des Gebirgs.
Pfleger und Umgelder.
Herr Johann Baptist Berchtold von Sonnenburg, und Rath, den 16 Novemb. 1769.

St. Johann in Pongey.
Inner des Gebirgs.
Pflegskommissarius und Umgelder.
Herr Franz von Agliardis, den 18 November 1784.

Kaltenhausen.
Ausser des Gebirgs.
Bräuverweser.
Herr Rupert Gumpinger.
Herr Joh. Nepomuck Polz, Bräuamtsschreiber.

Kropfsperg, oder Zell im Zillerthall.
Pfleger.
Herr Gottfried Ludwig von Moll, und wirklicher geheimer Rath, den 21 December 1764.

Gerichtsschreiber und Umgelder.
Herr Franz Schrott, den 26 Juny 1770.

Laufen.
Auſſer des Gebürgs.
Pfleger und oberſter Schifrichter.
(Vacat:)

Stadt- und Landrichter.
Herr Joseph Strobl, und Truchſes, den 21 Dec. 1770.

Umgeher und Umgelder.
Herr Julius Zetto, den 9 Novemb. 1781.

Lengberg.
Pflegskommiſſarius.
Herr Jos. Franz Götzinger, und Rath, den 5 Octob. 1763.

Lichtenberg, oder Salfelden.
Inner des Gebirgs.
Pfleger und Umgelder.
Herr Rochus Brann, und Rath, den 10 Auguſt 1768.

Amtsſchreiber.
Herr Johann Joseph Hänslmann.

Lofer.
Auſſer des Gebirgs.
Pfleger und Umgelder, dann Maut- und Hofbräuamtsinspector.
Herr Matthias Joseph Kaiſer, und Rath, den 21 Decemb. 1770.

Maut- und Bräuverwalter.
Herr Franz Treiber, den 19 Decemb. 1768.

(51)

Mattsee.
Auſſer des Gebirgs.

Administrator.
Herr Ferdinand von Pichl, Hofrath und Landmann, auch Pflegskommiſſarius zu Neumarkt.

Kaſtner und Umgelder.
Herr Franz Joſeph von Greimbs, und Rath, den 23 December 1757.

Mühldorf.

Pfleger und Umgelder.
(Titl.) Herr Herr Wolfgang Franz Anton Graf von Ueberacker, Freyherr von Sieghartſtein und Pfongau, und Kammerer, den 10 Juny 1752.

Gerichtsſchreiber.
Herr Joſeph Gabriel Weiß, den 29 May 1772.

Mitterſill.
Inner des Gebirgs.

Pfleger.
Herr Johann Chriſtoph Trauner, und Rath, den 21 May 1762.

Landrichter und Umgelder.
Herr Aegidi Martin Kienberger, den 13 April 1774.

Moßham.
Inner des Gebirgs.

Pfleger.
Herr Johan Wenzel von Helmreich zu Brunfeld, und wirklicher Hofrath, den 21 Decemb. 1770.

Landrichter und Umgelder.
Herr Cajetan Auer, den 18 Novemb. 1784.

Neuhaus.
Außer des Gebirgs.
Pfleger.
(Titl.) Herr Herr Karl Graf und Herr von und zu Arco, Kammerer, Oberstlandjägermeister, und Hofkammerrath, den 16 Jäner 1779.

Landrichter und Umgelder.
Herr Johann Adam Lang, den 8 April 1768.

Radstadt.
Inner des Gebirgs.
Pfleger und Kastner.
(Vacat.)

Stadt- und Landrichter.
Herr Joseph Koch, den 1. Juny 1778.

Umgelder, Mautner und Kastengegenschreiber.
Herr Joseph Anton von Waltenhofen.

Nauriß.
Inner des Gebirgs.
Landrichter und Umgelder.
Herr Franz Sebald Lieb von Liebenheim, den 18 Novemb. 1784.

Salzburg.
Stadtsyndikus.
Herr Benedikt Eiler von Loes, wirklicher Hofrath, den 6 Juny 1769.

Gericht- und Stadtschreiber.
Herr Wolfgang Ebner, den 18 July 1782.

Oberschreiber.

Herr Vital Reitlechner.
Herr Joseph von Gutrath, Landmann.

Staufenegg, Plain und Glan.

Pfleger und Bergrichter.

Herr Joachim Vital Hermes von Fürstenhof, wirklicher Hofrath, den 14 März 1779.

Gerichtsschreiber und Umgelder.

Herr Johann Wibmer, den 30 April 1761.

Straßwalchen.
Ausser des Gebirgs.
Pfleger.

Herr Maximilian von Schnedizeni, und wirklicher Hof- und Kammerrath.

Taxenbach.
Inner des Gebirgs.
Pfleger.

Herr Johann Christoph von Rottmayr, und Rath, den 15 Juny 1773.

Gerichtsschreiber und Umgelder.

Herr Andrea Joseph Lottersberger, den 18 November 1784.

Tättlham und Waging.
Pfleger.

(Titl.) Herr Herr Leopold Auer zu Winkel, Freyherr zu Gold u. Lampoding, Kamerer und Hofrath, den 25 Sept. 1763.

Tittmoning.
Ausser des Gebirgs.
Pfleger.

(Titl.) Herr Herr Wolfgang Leopold Graf von Ueberacker, Kammerer und Hofrath, den 21 Juni 1765.

Berichtsschreiber, Mautner und Umgelder.
Herr Joseph Käserer, den 29 Septemb. 1775.

Mautgegenschreiber.
(Vacat.)

Wagrain.
Inner des Gebirgs.
Landrichter und Umgelder.
Herr Franz Jakob Gold, den 31 August 1778.

Wartenfels, oder Thallgey.
Außer des Gebirgs.
Pfleger und Umgelder.
Herr Rupert von Kleienmayrn, und wirklicher Hofrath, den 19 Jäner 1781.

Werfen.
Inner des Gebirgs.
Pfleger.
Herr Patrikius Kurz von Goldenstein, und wirklicher Hofrath, den 25 Septemb. 1764.

Mautner und Umgelder.
Herr Franz Xaveri Stöckl, den 8 October 1766.

Gegenschreiber.
Herr Franz Anton Nagel.

Ytter oder Hopfgarten.
Pfleger.
Johann Andre Laßer von Zollheim, Landmann, den 18 Novemb. 1784.

Herr

Herrschaften und Beamte auſſer Landes
in Oeſterreich Steyermarkt und
Kärnthen.
Welche unter einer beſondern Deputation
ſtehen als:

(Titl.) Herr Herr Nikolaus Sebaſtian Graf von L
dron, geheimer Rath.
(Titl.) Herr Herr Johann Gundacker Graf von Herbe
ſtein, geheimer Rath.
(Titl.) Herr Franz Anton Freyherr von Kürſinger, g
heimer Rath und Hofkanzler.
Herr Rochus Sebaſtian von Luidl, geheimer Rath u
Hofkammerdirektor.

Deputationsreferendarius.
Herr Johann Michael Klein, Hofkammerrath und Pf
ger zu Haus und Gröming.

Kanzelliſt.
Herr Franz Siegmund Bauernfeind.

Wicedom in Kärnthen.
(Titl.) Seine fürſtl. Gnaden Herr Biſchof zu Lavant.

Vicedomamtsverweſer in Frieſach.
(Vacat.)

Kaßier, Kaſtner und Mautner.
Herr Johann Georg Hanſer, den 6 July 1775.

Regiſtrator.
Herr Jacob Kirchſchmid, den 5 Novemb. 1765.

Kanzelliſt.
Herr Gottlieb von Roſenſtein, den 5 September 1767.

Altenhofen in Kärnthen.
Pfleger.
(Vacat.)
Amtsschreiber.
Herr Thomas Hämpel, den 21 März 1776.

St. Andrä, Stein und Lichtenberg im Lavantthal in Kärnthen.
Pfleger.
Herr Franz Erdmann Kohler, den 23 July 1765.

Arnstorf in Oesterreich.
Pflegskommissarius.
Herr Johann Bernhard Hermanseder, den 13 May 1756.

Haus und Gröbming.
Pfleger.
Herr Johann Michael Klein, und Hofkammerrath, dann Deputationsreferendarius, den 23 July 1765.
Pflegsverwalter.
Herr Philipp von Edlingen, den 6 July 1775.

Hüttenberg.
Pflegsverwalter und Bergrichter.
Herr Christoph Heinrich von Reichenwald.

Judenburg, Fonstorf und Bayrdorf.
Administrator und Kastner.
Herr Franz Bernhard von Edlingen, und Hofrath, den 1 October 1767.
Amts- und Kastenschreiber.
Herr Johann Mathias Eyweck.   Land-

Landsperg.
Administrator.
Herr Franz Xaver Jud, und Rath, den 9 Jäner 1767.
Amtsschreiber.
(Vacat.)

Sausal in Steyer.
Bergrichter.
Herr Johann Heinrich Jud.

Sachsenburg in Kärthen.
Pflegsverwalter.
Herr Peter Paul Hartnoth, den 5 July 1776.

Stall in Kärnthen.
Pflegsverwalter.
Herr Johann Joseph Ganster, den 6 July 1775.

Täggenbrunn und Mariasaal in Kärnthen.
Pfleger.
Herr Rochus Veit Aichwalder.

Träßmauer und Oberwölbing in Oesterreich.
Hauptmann.
(Titl.) Herr Herr Franz Joseph Xaver Johann Nepomuck Freyherr von Enzenberg, Kammerer und geheimer, auch Hofrath, residierender Minister am kais. königl. Hoflager dann Lehenkommissarius in Oesterreich, den 4 Jäner 1739.

Hochfürstl. Bergwerks- auch Münzwesen.
Direktor.
(Titl.) Herr Herr Georg Anton Freyherr von Moßl, Hofkammer-Vicepräsident, Kammerer, geheimer Rath und Generalsteuereinnehmer von der Ritterschaft.

Räthe.

(Titl.) Herr Herr Johann Nepomuck Freyherr von Rehlingen, Kammerer, Oberstsilberkämmerer, Hofkammerath und Landmann

(Titl. Herr)
- Johann Gualbert Daubrawa von Daubrawaick, Hofkammerath und Pfenningmeister.
- Thaddä Anselm Lierzer von Zehenthal, auch Hofkammerath und Landmann.
- Johann Nepomuck Maria von Zillerberg, Hofrath, geheimer Kabinetssekretarius und Landmann.
- Joseph Anton Michel, Hofkammerath, und Oberstwaldkommissarius.

Beysitzer.

Herr Georg Wolfgang Karl Garve, Haupthandlungs-Verordneter und Kaßier.

Herr Peter Reisigl, Bergwerksrechnungs-Oberrevisor.

Wirkliche Bergwerksräthe, die aber nicht frequentiren.

(Titl. Herr) Friderich de Negri, Kammerer, und Hofkammerath, dann Pfleger in Hällein.

(Titl. Herr) Franz Anton Edler von Aman, geheimer und Hofkammerath, auch Generalsteuereinnehmer, den 28 Febr. 1769.

Hochfürstliche Aemter, welche unter dem hochfürstl. hochlöbl. Bergwerks- und Münzwesen stehen.

Hochfürstliche Berghauptmannschaft und Bergwerkskommissariat allda.

Herr Thaddä Anselm Lierzer von Zehenthal, hochfürstl. wirklicher Hofkammer- und Bergwerksrath, Berghauptmann über die hochfürstlichen gesammten Erzgebirge, auch Haupthandlungs- und Meßinghüttwerkskommissarius, dann Landmann.

Die

(59)

Die hochfürstliche Bergwerkskanzley.

Johann Christian Lanau, wirklicher Hofkammer- und Bergwerkssekretarius, den 29 Apr. 1758.
Anton Sebastian Hofbauer, Registrator, den 24 May 1764.
Peter Reisigl, Bergwerksrechnungs-Oberrevisor, den 20 Febr. 1779.
Wilhelm Friß, Rechnungsmitrevisor, den 29 Apr. 1758.
Joseph Schaub, Rechnungsmitrevisor, und Buchhalter über die hochfürstlichen Meßinghüttwerke.
Franz Bruno Nottemann, den 14 April 1774.
Anton Strasser, Buchhalter über gesammte Kupferbergwerkshändel, den 31 August 1776.
Kajetan Benedikt Zichan, Buchhalter über die gesammten Gold- und Silberbergwerker, den 18 Sept. 1779.
Franz Anton Keller, controlirender Haupthandlungs Buchhalter, den 18 März 1782.
Peter Wenk, Buchhalter über die Eisenwerkere, den 22 Decemb. 1781.

Kanzellisten.

Joh. Bapt. Ruggenthaler, Expeditor, den 24 Jun. 1768.
Florian Ebner, Kursor, den 7 Jäner 1767.
Franz Fischwenger.

Gastein.

Bergrichter.

Herr Joseph Karl Schwarzacher, Landrichter und Umgelder, den 25 August 1773.

Gold= Silber= auch Bleyberg= Poch= und Wachwerksverweser.

Herr Martin Härl, den 31 May 1777.

Speiß Zeug= und Holzhandelsverwalter.

Herr Anton Kämel, den 27 April 1776.

Con=

Controllierender Gegenschreiber, und Buchhalter.

Herr Franz Kendlbacher, den 26 August 1768.

Bergeinfahrer und Markscheider.

Herr Andred Zwicknagel, den 10 März 1749.

Lend.

Bergrichter.

Herr Johann Christoph von Rothmayr, Pfleger zu Taxenbach, und Rath, den 15 Juny 1773.

Berg- und Hüttenwerks Oberverweser, Speis- und Zeughandelsverwalter, dann Probierer.

Herr Kajetan Thaddä Lierzer von Zehenthal, Landmann, den 28 Septemb. 1768.

Bergmeister und Obermarkscheider bey allen hochfürstlichen Bergwerkgelegern.

Herr Johann Peter Seer, den 1 August 1762.

Unterverweser.

Herr Anton Mahler, den 11 April 1778.

Unterbergmeister.

Herr Franz Steinlechner, den 1 Decemb. 1781.

Buchhalter.

Herr Kastulus Kendlbacher, den 1 August 1761.

Hüttenmeister.

(Vacat.)

Ramingstein.

Bergrichter.

Herr Johann Wenzel von Helmreich zu Brunfeld, wirklicher Hofrath, dann Pfleger zu Moßham, den 21 Dec. 1770.

(61)

Gold= Silber=Bley=Kobold=und Eisenberg= Poch=Wasch=Schmelz=wie auch Blä=und Hammerwerks interims Amtierer.

Herr Aloys Mehofer, den 8 April 1780.

Hauptbuchalter.
(Vacat.)

Speis= und Zeughandelsverwalter, auch Gegenschreiber.

Herr Leopold Maffey, den 12 Decemb. 1768.

Eisen=Blä= und Hammerwerkverwalter zu St. Andrea Kendlbruck und in Bundschuh.

Herr Niklas Hofbauer, den 37 May 1777.
Herr Ulrich Gatterer, controlierender Gegenschreiber, den 4 Jäner 1783.

Gold= und Silberbeg=Poch=Waschwerks dann Speis= und Zeughandelsverwalter, auch Probierer im Muhrwinkel.

Herr Johann Klanner, den 22 May 1779.

Rauriß.
Bergrichter.

Herr Franz Sebald Lieb von Liebenheim, den 18 November 1784.

Gold und Silberg=Poch= und Waschwerks= verweser= auch Speis=Zeug und Salzhan= delsverwalter, und Probierer.

Herr Joseph Anton Brandner, den 25 März 1758.

Controllierender Gegenschreiber.

Herr Franz de Paula Knopf, den 4 May 1782.

Leogang.
Bergrichter.

Herr Rochus Braun, Pfleger zu Salfelden, und Rath, den 10 August 1780.

Silber = und Kupfer = auch Koboldberg, und Hittwerksverweser, auch Speis = und Zeughandelsverwalter.

Herr Peter Strasser, den 10 May 1777.

Kontrolierender Gegenschreiber.
Herr Johann Thaddeä Seer, den 15 Hornung 1783.

Zeller oder Fusch=linberger und Klucknerhandel.

Bergrichter.
Herr Johann Anton Magauer, hochfürstlicher Rath und und Pfleger zu Kaprun, den 12 December 1770.

Gold und Silber = dann Poch = und Waschwerksverweser.
Herr Ferdinand Härl, den 16 März 1776.

Speis = und Zeughandelsverwalter, auch Gegenschreiber.
Herr Joseph Anton Hager, den 24 Jäner 1770.
Herr Anton Adler, Buchhaltungsschreiber, den 19 Jun. 1779.

Mühlbach, oder Brenthal auch unterm Sulzbach.

Bergrichter.
Herr Egid Martin Kienberger, auch Landrichter und Umgelder zu Mittersill, den 13 April 1774.

Schwefel=Vitriol= und Kupferberg= auch Schmelzwerksverweser am Mühlbach.
Herr Anton Theodor Harl, den 31 August 1772.

Speis= und Zeughandelsverwalter, auch Gegenschreiber daselbst.
Herr Joseph Anton Hofbauer, den 18 Decemb. 1773.
Herr Joh. Kaltner, Buchhaltungsschreiber, den 8 July 1776.

Groß=

Großarl.
Bergrichter.
Herr Johann Virgil Reiter, Landrichter und Umgelter daselbst, den 15 Novemb. 1779.

Schwefel= und Kupferberg= Hütt= und Schmelzwerksverweser.
Herr Johann Auer, den 13 October 1775.

Speis= und Zeughandelsverwalter, auch Gegenschreiber.
Herr Johann Baptist Kendlbacher, den 13 Octob. 1775.

Flachau.
Bergrichter.
Herr Franz Jakob Gold, Landrichter und Umgelder zu Wagrain, den 31 August 1778.

Eisen= Blä= und Hammerwerksverweser, dann Speis= und Zeughandelsverwalter.
Herr Joseph Hofstädter, den 22 Febr. 1769.

Buchhaltungs= und Gegenschreiber.
Herr Bernhard Oberreiter, den 5 Jäner 1782.

Dienten.
Bergrichter.
Herr Johann Georg Schifer, Pflegskommissarius zu Goldegg, den 28 Septemb. 1779.

Eisenberg=Blä=Gußhammer=und Nagelwerks=verweser, dann Speiß= und Zeughandels= Verwalter.
Herr Johann Joseph Oberreiter, den 4 July 1778.

Kontrolierender Gegenschreiber.
Herr Felix Franz Reitlechner, den 4 July 1778.

Werfen.
Bergrichter.
Herr Patritius Kurz von Goldfenstein, Pfleger daselbst und wirklicher Hofrath, den 25 Septemb. 1764.
Eisenbergverwalter und Buchhaltungs=
interims Amtierer.
Herr Felix Dismas Edler von Herrisch, den 13 Febr. 1774.
Kropsperg, oder Zell im Zillerthall.
Römisch kaiserl. königl. und hochfürstl. salzburgischer gemeinsamer Schichtenmeister.
Herr Lorenz Vorderegger, den 27 October 1774.
Windischmatterey.
Römisch kaiserl. königl. und hochfürstl. salzburgischer Bergrichter.
Herr Joseph Eder.
Lengberg.
Römisch kaiserl. königl. und hochfürstl. salzburgischer Bergrichter.
Herr Joseph von Leutner.
Ytter, oder Hopfgarten.
Hochfürstlich salzburgischer Bergrichter.
Herr Johann Andrea Laiser von Zollheim, Landmann den 18 November 1784.
Silber= und Kupferbergwerkshandel in Brixenthal.
Herr Peter Paul Zwicknagel, Rechnungsführer und Ober=Hutmann, den 8 Jäner 1780.

Hochfürstliches Münzamt.
Herr Johann Gualbert Daubrawa von Daubrawaick, Hofkammerrath und Pfenningmeister, dann Münzwardein und Goldscheider, den 12 July 1743.
Herr Virgil Christoph Daubrawa von Daubrawaick, Münzmeister und wirklicher Hofkammerrath, den 28 Jän. 1770.

(65)

Herr {Franz Matzenkopf, Medailleur, Münzeisenschneider, und Kammerdiener, den 30 August 1761.
Joseph Alex Tiefenthaler, Pfenningschreiber, den 18 Febr. 1760.

Hochfürstliche Haupthandlungsverordnete.

Herr {Georg Wolfgang Karl Sarbe, Verordneter, und Kaßier, den 1 Februar. 1773.
Joseph Wagner, Haupthandlungsbuchhalter, den 25 Februar. 1774.
Franz Reitlechner, erster Haupthandlungsschreiber, den 25 Februar. 1774.
Franz Habit, zweyter Haupthandlungsschreiber, den 27 April 1782.

Meßinghüttwerk Oberalm.
Bergrichter.
Herr Franz Joseph von Koflern, Hofrath und Pfleger zu Glanegg, den 25 Septemb. 1769.
Verweser.
Herr Johann Joseph Kaltner, den 9 Febr. 1766.
Gegenschreiber.
Herr Johann Nepomuck Brandelli, den 11 März 1771.

Meßinghütt= dann Kupfer= und Eisenhammerwerk Ebenau.
Bergrichter.
Herr Rupert von Kleinmayrn, wirklicher Hofrath, und Pfleger zu Thallgey, den 19 Jäner 1781.
Verweser.
Herr Tobias Wagner, den 10 Decemb. 1761.
Gegenschreiber.
Herr Johann Augustin Hasenehrl, den 30 Decemb. 1761.

H Der

(66)

Der hochfürstliche hochlöbl. Hofkriegsrath.

Präsident.
(Vacat.)

Vicepräsident.
(Titl.) Herr Herr Johann Gottfried Graf Lützow, von drey Lützow und Seedorf, Herr der Herrschaften Duppau und Sachsengrün, Sr. kaiserl. königl. Majestät wirklicher Kammerer und Oberstlieutenant, Kommandant auf der Hauptfestung hohen Salzburg, und Landoberster, den 20 März 1775.

Direktor.
(Titl.) Herr Herr Andrä Gottlieb Freyherr v. Prank, Kammerer, Oberster, und Stadtkommandant, des heil. Ruperti Ordensritter und Landmann, den 14 März 1778.

Räthe.
(Titl. Herr)
Herr Johann Nepomuk Graf von Wicka, Kammerer und Oberstlieutenant, den 21 Decemb. 1767.
Herr Ferdinand Dücker Freyherr von Haßlau, Kammerer, Oberstwachtmeister, des heil. Ruperti Ordensritter und Landmann, den 1 Jäner 1779.
Johann Elias Edler v. Geyern, Hofkammerrath, dann Ingenieuroberstwachtmeister, den 30 Novemb. 1748.
Johann Ernst Edler von Antrettern, des heil. röm. Reichs Ritter, Landmann und Landschaftskanzler, den 5 April 1758.
Franz d'Ippold, kaiserl. königl. Hauptmann und Knabenhofmeister, den 6 Decemb. 1777.
Ferdinand Aloys Streidl, beyder Rechte Licentiat, und Notarius publikus, den 20 August 1762.

Jo-

Herr { Johann Joseph Wallner, Landschaftsekretarius, den 2 August 1763.
Karl Anton von Bibern, Oberstwachtmeister, und Vicekommandant auf der Hauptfestung allhier, den 30 Septemb. 1780.

Sekretarius und Auditor.
Herr Franz Anton Geiger, Titularhauptmann, den 1 Jäner 1754.

Adjunct.
Herr Johann Wohlfahrtstätter, Lieutenant, den 8 November 1780.

Registrator.
Herr Joseph Siegmund Graß, und Raths-Protokollist, den 27 May 1771.

Kanzleyverwandte.
Herr Mathias Kaserer, Expeditor und Rathdiener, den 27 May 1772.
Herr Maximilian Mayr, den 8 Juny 1771.

Hochfürstl. löbliches Artilleriekorpo, Zeug- und Hauspflegereyamt in der Hauptvestung und Residenzstadt Salzburg, dann Vestung hohen Werfen.

Welches quoad Militaria unter dem hochfürstlich hoch löblichen Hofkriegsrath rc. und Kommando (Titl. Herrn Herrn Johann Gottfried Grafen Lützow von dreiLützow rc. quoad Oeconomica aber unter der löblichen Landschaft stehet.

In der Hauptvestung hohen Salzburg und Residenzstadt Salzburg
Offiziere und Beamte.

Herr Johann Elias Edler von Geyer, Hofkammer- un Kriegsrath, dann Artillerie-Ingenieur-Oberstwachtmeister, auch oberst Maut-Weg-und Baukommissarius.

Herr
- Ludwig Grenier, Ingenieurhauptmann, dann Kameral- und landschaftlicher Architekt.
- Peter Paul Göschl, Zeug- und Hauspflegerey- auch Monturs verwalter.
- Benedikt Mayrwieser, Zeugamt- Mit- und Monturs-Verwalter.
- Martin Gützl, Stucklieutenant und Mechanikus.
- Joseph Göschl, Zeug- und Monturs amts schreiber.

Unteroffiziere dann Ernst- und Lustfeuerwerker, auch Kanonierere.

Georg Wierl, Stuckkorporal.
Joseph Rieder, Vicestuckkorporal.
Joseph Schmatz, ein Büchsenmeister.
Johann Ernst Henneberg.

Lustfeuerwerker und Kanoniere.

Johann Nagnzaun, ein Büchsenmacher.
Anton Aigner, ein Hufschmid.
Kajetan Wältl, ein Schifter.
Joseph Walcher, ein Faßbinder.
Michael Rohregger, ein Schifter.
Georg Remeter, ein Schifter.
Gabriel Grabner, ein Zimmerer.

Kanonierere.

Johann Georg Nagnzaun, ein Büchsenmacher.
Martin Göschl, ein Büchsenmacher.
Franz Schmid, Gewehrbutzer.
Markus Dreml, ein Schmid.
Georg Sillerer.
Nikolaus Diepold, ein Schlosser.
Franz Nagnzaun, ein Büchsenmacher.
Andrea Schlinger, ein Schlosser.
Johann Heußler, ein Gewehrputzer.
Georg Perwein, ein Wagner.
Kaspar Mayrhofer.   Andrea Holzinger.

Fourierschütz.

Anton Schuester.
Zeugdiener. Vincenz Göschl.
Handwerker. Matthias Kurz, ein Schmid.

Festung hohen Werfen.

Hauspfleger.
Augustin Reisner.

Büchsenmeister.
Joseph Pertsch, ein Schifter.

Handwerker.
Anselm Kämbl, ein Zimmerer.
Andrea Reschberger, ein Zimmerer.

Die löbliche Landschaft in Salzburg.

Verordnete aus dem Prälatenstande.

(Titl.) Seine fürstliche Gnaden Herr Herr Bischof zu Chiemsee ꝛc.

(Titl) Herr Herr Domdechant des hohen Erzstifts, Gewalttrager des hochwürdigen Domkapitels.

(Titl.) Herr Herr Beda, des Ordens des heiligen Benedikts Abt zu St. Peter in Salzburg ꝛc. Generalsteuereinnehmer aus dem Prälatenstande.

Verordnete aus dem Ritterstande.

Das Erblandmarschallamt wird dermalen von dem ältest anwesenden Herrn Verordneten aus dem Ritterstand vertretten.

(Titl. Herr)
- Herr Joseph Johann Nepomuck Freyherr von Dücker ꝛc. als Kommandeur des löblichen Ritterordens des heiligen Ruperts.
- Herr Wolf Franz Graf von Ueberacker ꝛc.
- Herr Johann Nepomuck Freyherr von Rhelingen.
- Herr Andrea Gottlieb Freyherr von Prank.
- Herr Georg Freyherr von Mozl, Generalsteuereinnehmer von der Ritterschaft.

Herr

Herr {Herr Friedrich de Negri ꝛc.
Herr Johann Ernst, Edler von Antrettern, des heil. röm. Reichs Ritter, Landmann, Kriegsrath und Kanzler, den 5 April 1658. Führt das Protokoll des Landtagsausschuß.

Verordnete aus dem Bürgerstande.
Herr Johann Gottlieb Bergmayr, des Raths Burger.

Sekretarius.
Herr Jakob Wallner, wirklicher Hofkriegsrath und Hauptmann.

Steuercontrolleur und Registrator.
Herr Franz von Mayrau, den 20 Decemb. 1771.

Buchhalter.
Herr Joseph Karl Geißmayr, den 29 July 1772.

Kanzleyverwandte.
Herr {Johann Lorenz Delmor,
Jakob Wilhelm Semler,
Franz Andreä Spitzenberger,
Joseph Auer,
Mathias Hechenegger,
Gotthard Treiber.

Wenn aber ein Landtag ausgeschrieben ist, so erscheinen nebst den hochfürstlich gnädigst ernennten (Titl.) Herren Herren Kommissarien

Aus dem Prälatenstande.
(Titl.) Se. fürstl. Gnaden Herr Herr Bischof zu Chiemsee ꝛc.
(Titl.) Herr Herr Domdechant des hohen Erzstiftes ꝛc. als Gewalttrager des hochwürdigen Domkapitels ꝛc.
(Titl.) Herr Herr Abt zu St. Peter.
(Titl.) Herr Probst zu Högelwerth.

Verordnete aus dem Bürgerstande.
Herr Johann Gottlieb Bergmayr, der Zeit Generalsteuereinnehmer und Verordneter von der Stadt Salzburg für beständig.   Herr

Herr Franz Ignatz Ferchueber, Burgermeister und zugleich Verordneter von der Stadt Häflein, als von welcher ebenfalls ohne Abwechslung ein Verordneter bey allen Landtägen für beständig erscheint.

Ein Verordneter von Radstadt, Laufen und Tittmoning, oder Mühldorf, mit welchem alle drey Jahre abgewechselt wird.

Ein Verordneter aus einem von den Märkten, mit welchen inner und ausser des Gebirgs ebenfalls alle drey Jahre abgewechselt wird.

Landschafts Bauverwalteramt.

Herr Franz Adam Steiger, Rechnungskommissarius, dann landschaftlicher Bau- und Proviantverwalter.

Herr Franz Joseph Bainhündtner, Bauamtsschreiber, den 2 Jäner 1784.

Das von Sr. hochfürstlichen Gnaden Jakob Ernst aus dem Reichsgräflichen Hause von Lichtenstein höchstsel. Gedächtniß zum Behuf der Armen aus selbsteigenen Patrimonialmitteln Anno 1748 fundirte

milde Leihhaus

Oberinspektores.

Ein jeweiliger Herr Bischof und Fürst zu Chiemsee.

Ein jeweiliger Herr Domdechant allda.

Die jeweiligen Herren Konsistorial- Hofraths- und Hofkammerdirektores.

Ein jeweiliger Herr Burgermeister.

Verwalter.

Herr Johann Jos. Kaspar Paurnfeind, den 22 Febr. 1775.

Herr Johann Georg Mayr, den 22 Febr. 1775.
Herr Christian Bauernfeind.

Silber- und Kleinodienschätzer.
Herr Johann Michael Mayr, Hofgoldarbeiter, den 22 May 1776.

Gemeiner Schätzer.
Thomas Jrg, ein Schneidermeister.

Amtsdiener.
Anton Sulzer, den 21 Juny 1760.

Die hochfürstliche Universität in Salzburg mit ihren vier Facultäten.

RECTOR MAGNIFICVS.
(Pl. Titl.) D. P. Constantinus Langhaider, Ord. S. Benedicti in celeberr. & antiquiss. Monasterio Cremifanensi Professus, Iur. vtr. Doctor, Celsiss. ac Reuerendiss. Archiepisc. & S. R. I. Principis Salisburg. &c. &c. Consiliarius actualis intimus. Almae Vniuersitatis Rector.

PROCANCELLARIVS.
(Pl. Tit.) D. P. Michael Lory, Ord. S. Benedicti ex celeberr. & antiquiss. Monasterio Tegernseensi, Ss. Theologiae Doctor, S. Scripturæ, Hermeneutices, nec non Patristicae Professor ordin. Celsiss. ac Reuerendiss. Archiep. & S. R. I. Principis Salisburg. &c. &c. Consiliarius ecclesiasticus. Almae Vniuersitatis Procancellarius, & Vice-Rector.

Facultas Theologica.

(Pl. Tit.) D. P. Michael Lory, vt supra.

D. P.

(Pl. Tit.) D. P. Anselmus Rittler, Ord. S. Benedicti ex celeberr. antiquiſs. & Imperiali Monaſterio Weingartenſi, Ss. Theol. Doctor, eiusdemque in Dogmaticis Profeſſor ordinar. Celſiſs. ac Reuerendiſs. Archiep. & S. R. I. Principis Salisb. &c. &c. Conſiliarius eccleſiaſticus, venerabilis Conuictus Regens.

(Pl. Tit.) D. P. Simpertus Schwarzhueber, Ord. S. Benedicti ex celeberr. & antiquiſs. Monaſterio Weſſofontano, Ss. Theol. Doctor, eiusdemque in Dogmaticis, nec non Hiſtor. eccleſ. Proſeſſor ord. Celſiſs. ac Reuerendiſs. Archiep. & S. R. I. Principis Salisb. &c. &c. Conſiliarius eccleſiaſticus, maioris Congregationis academicae B. V. M. Praeſes, Almae Vniuerſitatis Secretarius, Boici Eloquentiae ſacrae Inſtituti Socius, ſacrae Facultatis Decanus.

(Pl. Tit.) D. P. Ildephonſus Lidl, Ord. S. Benedicti ex celeberr. & antiquiſs. Monaſterio ad S. Petrum Salisb. Ss. Theol. Doctor, eiusdemq. in Moralibus. & Paſtoralibus Profeſſor. nec non in Eccleſia acad. concionator ordin. Celſiſs. ac Reuerendiſs. Archiepiſc. & S. R. I. Princip. Salisb. &c. &c. Conſiliarius eccleſiaſt.

Facultas Juridica,

(Pl. Titl.) D. P. Joannes Damaſcenus Kleienmayrn, Ord. S. Benedicti ex celeberr. & antiquiſs. Monaſterio Weſſofontano, Iuris vtr. Doctor, & Ss. Canon. Profeſſor ord. Celſiſs. ac Reuerendiſs. Archiep. & S. R. I. Principis Salisb. &c. &c. Conſiliarius eccleſiaſticus.

(Pl.

(Pl. Tit.) D. Joannes Philippus Stainhaufer de Treuberg, Iur. vtr. Doctor, Iuris publ. naturalis & Gentium, nec non Codicis ac Hift. Imp. Profeff. ord. Celfifs. ac Reuerendifs. Archiep. & S. R. I. Principis Salisb. &c. &c. Confiliarius actualis Aulicus, confultiffimæ Facultatis Decanus.

(Pl. Tit.) D. Joannes B. Jofephus Carolus de Koflern, Iur. vtr. Doctor, & Pandectarum, nec non Iuris Feudalis Profeffor, ordin. Celfifs. ac Reuerendifs. Archiep. & S. R. I. Principis Salisb. &c. &c. Confiliarius actualis Aulicus.

(Pl. Tit.) D. Joannes Antonius de Schallhamern, Iur. vtr. Doctor, & Inftitution. Imperial. nec non Iuris criminalis, & Proceffus ciuilis Profeffor ord. Celfifs. ac Reuerendifs. Archiep. & S. R. I. Principis &c. &c. Confiliarius actualis Aulicus.

Facultas Philofophica.

(Pl. Tit.) D. P. Ildephonfus Schlichting, Ord. S. Benedicti ex celeberr. & antiquifs. Monafterio Wiblingano, AA. LL. & Philofophiae Doctor, eiusdemque in Logicis & Methaphyficis Profeffor. ordin. inclytæ Facultatis Decanus.

(Pl. Tit.) D. P. Auguftinus Schelle, Ord. S. Benedicti ex celeberr. & antiquifs. Monafterio Tegernfeenfi, AA. LL. & Philofoph. Doctor, eiusdemque in Moralibus, & Iure naturae, nec non Hift. ac Linguar. oriental. Profeffor. ordin.

(Pl. Tit.) D. P. Dominicus Beck, Ord. S. Bened. ex celeberr. antiquifs. & Imperiali Monafterio Ochfenhufano, AA. LL. & Philofoph. Doctor, eiusdemq. in Mathematicis & Experimentalibus
Pro-

Profeſſor. ordin. Celſiſs. ac Reuerendiſs. Archiep. & S. R. I. Princip. Salisb. &c. &c. Conſiliarius, Inſtituti Scientiarum Bononienſis, & Academiarum Bauaricae, ac Roboretan. Socius.

(Pl. Tit.) D. P. Ambroſius Frey, Ordin. S. Benedicti ex celeberr. antiquiſs. & Imperiali Monaſterio Weingartenſi, A. v. LL. & Philoſoph. Doctor, eiusdemque in Phyſic. Profeſſor. ordin.

D. P. Aegidius Jais, Ord. S. Benedicti ex celeberr. & antiquiſs. Monaſterio Benedictoburano, AA. LL. & Philoſoph. Doctor, Rhet. II. Profeſſor ordin. Comicus, & ſcholarum Praefectus.

D. P. Gregorius Vonderthon, Ord. S. Benedicti ex celeberr. & antiquiſs. Monaſterio ad S. Petrum Salisb. Rhetoricae I. Profeſſor.

D. P. Amandus Philipp, Ordin. S. Benedicti ex celeberr. & antiquiſs. Monaſterio Oſſiacenſi, III. Grammatices Profeſſor.

D. P. Conſtantinus Stampfer, Ord. S. Benedicti ex celeberr. & antiquiſs. Monaſterio ad S. Petrum Salisb. II. Grammatices Profeſſor.

D. P. Wolfgangus Reicholf Ord. S. Benedicti ex celeberr. & antiquiſſ. Monaſterio ad S. Petrum Salisburg. I. Grammatices Profeſſor.

D. Joannes Hueter, Iuris vtr. Doctor, & Iudiciorum Salisburg. Aduocatus, Almae Vniuerſitatis Notarius.

D. Joannes Bapt. Riener, AA. LL. & Philoſoph. Magiſter, Vniverſitatis Pedellus.

R. D. Michael Kuenater, Principiorum Magiſter.

D. Leopoldus Richter, Iur. Candidatus, Pulſator.

Hochfürstlich-salzburgische Gesandte, Agenten und Begwaltete.
Auf dem allgemeinen Reichstage zu Regenspurg.

Gesandter.

(Titl.) Herr Herr Johann Sebastian Freyherr von Zillerberg, hochfürstl. wirklich geheimer Rath und Landmann, den 1 Novemb. 1777.

Gesandschaftssekretarius.

Herr Johann Ernst von Markloff, hochfürstlicher Hof- und geheimer Legationsrath.

Kanzellisten.

Herr Salomon Glasser.

Herr Joseph von Pichl, Landmann, den 21 Juny 1782.

Zu Rom.

Der ehrwürdige Herr Anton d'Augustini, hochfürstlicher geistlicher Rath und wirklicher Agent.

Wien.

Residierender Minister.

(Titl.) Herr Herr Franz Freyherr von Enzenberg, Kammerer, wirklich geheimer und Hofrath, Lehenkommissarius und Hofrath, dann Hauptmann zu Träsmauer, den 1 August 1776.

Reichshofraths Agent.

Herr Franz Joseph Negelin von Blumenfeld, und hochfürstlicher Hofrath.

Hofagent.

Herr Gottfried Ignaz Edler von Ployer, und hochfürstlicher Hofrath.

Herr Johann Sortschan, Hof- und Gerichtsadvokat allbort, hochfürstl. Anwald. den 15 April 1784.

Zu Wezlar.

Herr Damian Ferdinand Haas, hochfürstlicher Hofrath, beyder Rechte Lizentiat, des kaiserl. Kammergerichts Prokurator, und hochfürstlich bestellter Agent.

Zu München.

Herr Joseph Edler von Reichel auf Knodorf, des heil. röm. Reichs Ritter, Sr. kurfürstl. Durchlaucht zu der Pfalz wirklicher Rath, und landschaftl. Caßier, hochfürstlicher bestellter Agent allda.

Zu Gräz.

Herr Doktor Mathias Anton Prieberling, hochfürstlicher salzburgischer Gewalttrager.
Herr Doktor Anton Ignaz Piccardi, hochfürstlicher Anwalt und bestellter Agent.

Zu Klagenfurt.

Herr Doktor Aloys von Rainer, zu Harbach, hochfürstl. Gewalttrager und Lehensekretarius.

Der hochfürstliche Obersthofmeisterstaab.

Obersthofmeister.

(Titl.) Herr Herr Franz Lactantius, Graf und Herr zu Firmian, Herr zu Kromez, Meggel, Leopoldskron, Mistlbach, kaiserl. königl. Majestät ꝛc. ꝛc. wirklicher geheimer Rath und Kammerer ꝛc. den 10 Jäner 1736.

Unter welchem, auch in Ruckficht auf das Correggio sämmtliche Herren Räthe und übrige Hofstaat, insonderheit aber stehen

Der hochfürstliche Leibmedikus, Fol. 33.

Die

Die hochfürstlichen Truchseſſe.

(Tit. Herr)
Johann Kajetan Mayr v. Mayregg, den 16 May 1749.
Franz Mehofer, Kammerfourier, den 22 Sept. 1745.
Maximilian von Dengelbach, den 22 October 1748.
Joseph von Agliardi, den 10 April 1751.
Rupert von Altengutrath, Landmann den 5 April 1755.
Johann Hagenauer, Hofſtatuarius und Gallerie-
  inſpektor, den 2 Jäner 1760.
Joachim von Mayrn, des hochfürſtl. Arbeitshauſes
  Oeconomie-Kommiſſarius, den 1 May 1765.
Dominikus de Cluſulis, den 28 Februar. 1769.
Johann Joſeph Strobl, Stadt- und Landrichter zu
  Laufen, den 1 May 1771.
Johann Drexler von Schöpfenbrunn, den 8 Februar
  1773.
Franz Anton Laſſer von Zollheim, den 1 Juny 1773.
Franz von Feyertag, Hofkammerſekretarius und Land-
  mann, den 25 December 1775.
Johann Adam, den 14 März 1777.
Cajetan Edler von Antrettern, Landmann, den 8
  November 1784.
Anton Johann Mehofer, den 8 Novemb. 1784.

Die hochfürſtlichen Hofkapelläne, fol. 98.
Der hochfürſtliche Hoffourier.

Die hochfürſtliche Hofmuſik.
Kapellmeiſter.
Der Ehrwürdige Herr Ludwig Gotti den 14 Hornung 1783.
Vicekapellmeiſter.
Herr Leopold Mozart, den 29 Februar. 1763.
Konzertmeiſter.
Herr Johann Michael Haydn.

Sopranisten.

Herr Franz Cecarelli.
  Und 10 aus dem hochfürstl. Kapellhause.

Altisten.

Vier aus dem hochfürstlichen Kapellhause.

Tenoristen.

(Titl. Herr)
Joseph Zugeisen.
Anton Spitzeder.
Giuseppe Tomaselli.
Der ehrwürdige Herr Franz Karl Schulz.
Mathias Stadler.
Felix Hofstätter.

Paßisten.

Joseph Nikolaus Meißner.

Organisten.

Johann Michael Hayden.
Franz Ignatz Lipp.
Anton Paris.

Violinisten.

Anton Brunetti.
Andrea Pinzger.
Wenzl Sadlo.
Joseph Hilber.
Mathias Stadler.
Andrea Mayr.
Kajetan Biber.
Georg Bauer.
Felix Hofstätter.
Johann Sebastian Vogt.

Violoncellisten.

Anton Ferrari.
Joseph Zugeisen.

Violettisten.

Lorenz Schmid.

Violinisten.

Herr {
Der ehrwürdige Herr Mathias Würth.
Joseph Thomas Cassel.
Joseph Richard Eßlinger.
Jakob Riedmüller.

Fagotisten.
Johann Heinrich Schulz.
Melchior Sandmayr.
Andreä Weiß.

Hautboisten.
Joseph Fiala.
Joseph Feiner.
Melchior Sandmayr.

Jägerhornisten.
Joseph Bergmann.
Rupert Bauer.
Nebst drey Pausonisten.
Joh. Joseph Eggedacher, Hoforgelmacher.
Ferd. Mayr, Hoflauten- und Geigenmacher.
}

Zwey Hof- und ein Domkalkant.

Die hochfürstliche Guarderobba in Spektakel, und Theatralsachen, Fol. 43.

Der hochfürstliche Oberstkammererstaab.

Oberstkammerer.

(Titl.) Herr Herr Georg Anton Felix des heil. röm. Reichs Graf und Herr von und zu Arco, kaiserl. königl. Majestät ꝛc. ꝛc. wirklicher geheimer Rath und Kammerer, ernennet den 30 November 1750.

Die

Die hochfürstlichen Kammerer fol. 16.
Der hochfürstliche Kammerfourier fol. 78.
Der hochfürstliche Gallericinspektor fol. 78.
Die hochfürstliche Guardarobbe fol. 43.

Die hochfürstliche dienende Leibkammerdiener.

Herr { Joseph Matthias Aichhamer, und Untersilberkammerer, den 27 Decemb. 1747.
Franz Schlaucka, den 1 May 1778.
Johann Ulrich Angerbauer, den 14 October 1778.

Leibkammerdiener.

Herr Johann Anton Klobuzeck, den 8 May 1753.

Hochfürstl. jubilierte Antecammera Kammerdiener.

Herr Johann Walter.

Herr Joseph Hilber.

Hochfürstlich wirklich dienende Antecammera Kammerdiener.

Herr {
Wenzel Sadlo.
Wenzel Andrea Gilowsky von Urazowa.
Andrea Seitzeb.
Franz Schmid.
Lorenz Aigner.
Ignatz Paurnfeind.
Joseph Joly.
Franz Paul Zauner.
Andrea Pinzger.
Kajetan Biber.
Johann Hartmayr.
Rupert Huober.
Joseph Cassel.

Hochfürstliche Titular Antecammera Kammerdiener.

Herr
- Anton Baurnfeind.
- Franz Matzenkopf.
- Franz Anton Lipp.
- Rochus Aterding, und Guardrobba Inspector.
- Johann Winkler.
- Anton Ruprecht
- Sebastian Scheidl.
- Stephan Haas.
- Johann Mayer.
- Franz Geysperger.
- Johann Reisigl.
- Wolfgang Hagenauer.

Hochfürstliche wirklich dienende Kammerdiener.

Herr
- Joseph Scheck.
- Matthias Widmann.
- Wenzel Lotschty.
- Anton Protz.
- Johann Widmann.
- Matthias Göllner.
- Joseph Feiner.

Hochfürstl. Titular-Kammerportier.

Herr
- Franz Reischl.
- Peter Rosentretter.
- Joseph Mattretter.
- Joseph Veit.
- Niklas Höß.
- Leonard Faes.
- Anton Wolfgang.

Herr

Herr {
 Franz Schwab.
 Franz Pramsteidl.
 Franz Hengl.
 Franz Zunzer.
 Anton Scholl.
}

Kammerheitzer.

Herr {
 Joseph Scheck.
 Franz Reischl.
 Franz Gottfried.
 Florian Thorhoffer.
}

Kammerlaquay.

Karl Löschenbrand, jubilirt.
Franz Marck.
Gallus Feilschmid.

Der hochfürstl. Obersthofmarschallstab.

Obersthofmarschall.

(Titl.) Herr Herr Nikolaus Sebastian des heil. röm. Reichs Graf von und zu Lodron, kaiserl. königl. Majestät ꝛc. ꝛc. wirklicher geheimer Rath, und Kammerer ꝛc. den 28 Februar. 1769.

Vice-Hofmarschall.
(Vacat.)

Oberstküchenmeister.

(Titl.) Herr Herr Karl des H. R. R. Graf und Herr von und zu Arco, Kammerer, Hofkammerrath und Pfleger zu Neuhaus, den 16 Jäner 1779.

Controleur.

Ernst Maximilian Köllenberger, den 24 Jäner 1770.
Franz Anton Geysperger, jubilirter Dürnitzmeister, den 20 März 1770.
Franz Hueber, jubilirter Dürnitzmeister, den 20 März 1770.
Herr { Johann Bernhard Baader, Zehrgadner, den 23 Februar 1753.
Joseph Bonifaci Pichler, Einkaufer, denn 11 Jäner 1753.
Franz Xav. Mösl, Küchenschreiber, den 16 Jän. 1764.

Jubilirte Mundköche.

Herr Gabriel Hegler, den 15 October 1752.
Herr Joseph Hagenauer, den 29 Septemb. 1752.

Hofköche.

Herr {
Christoph Karg.
Philipp Praxmayr.
Thomas Schrott.
Felix Wallner.
Wenzel Vater.
Johann Amand Ainkäs, Offizierkoch.

Die hochfürstliche Silberkammer.

Oberstsilberkammerer.

(Titl.) Herr Herr Johann Nepomuck Freyherr von Rhelingen, Kammerer und Hofkammerrath, den 1 Jäner 1770.

Untersilberkammerer.

Herr Joseph Matthias Aichhammer, und hochfürstlicher Leibkammerdiener, den 1 Septemb. 1748.
Herr Anton Wolfgang Obersilberdiener, den 1 Nov. 1748.

- Eil-

Silberdiener.

Herr Franz Paul Schwab, den 1 Juny 1751.
Herr Franz Anton Pramsteidl, den 28 Februar. 1755.

Die hochfürstliche Konfektstube.
Zuckerbäcker.

Herr Andreas Ueberacker.
Herr Joseph Franz Glitsch.

Der hochfürstl. Oberststallmeisterstab.
Oberststallmeister.

(Titl.) Herr Herr Leopold Joseph, des heil. röm. Reichs Graf von Künburg, Freyherr von Künegg, kaiserl. königl. Majestät 2c. 2c. wirklicher Kammerer, dann des hohen Erzstifts Erbschenk, den 28 Februar. 1764.

Vice=Oberststallmeister.

(Titl.) Herr Herr Joseph Freyherr von Rehlingen, zu zu Goldenstein, Herr auf Ursprung und Elsenheim, Kammerer, den 30 Septemb. 1781.

Die hochfürstl. Herren Edelknaben.

Herr
{
Anton Graf von St. Julien.
Siegmund Baron von Prank.
Anselm Baron von Groß.
Raymund de Negri.
Kajetan Graf von Gaißrugg.
Peter Graf von Czernin.
Siegmund Graf von Wicka.
Alexander Graf von Kinigel.
}

Edel-

Edelknaben-Hofmeister.

(Titl.) Herr Franz Armand d'Jpold, kaiserl. königl. Hauptmann, Hofkriegsrath und Direktor des Virgiliani, den 17 Novemb. 1774.

Instructores.

Herr Philipp Gång, den 18 Decemb. 1782.
Herr Michael Vierthaller, den 1 Jäner 1783.

Edelknabendiener.
{ Nikolaus Virgler.
  Matthias Faistenberger.
  Sebastian Forstner.
  Joseph Angerer. }

Die hochfürstl. Exercitienmeister.

Oberbereuter und Gestütt-Inspektor.

Herr Gottlieb Edler von Weirother, des heil. röm. Reichs Ritter und Rath, auch Stall- und Gestüttinspektor, den 12 Septemb. 1773.

Unterbereuter.

Herr {
Jakob Lindert, und Campagnebereuter, den 15 August 1780.
Johann Stocker, Bastinbereuter, den 18 April 1774.
Franz Nizy, Bastinbereuter, den 10 Jäner 1784.
}

Italienischer Sprachmeister.

(Vacat.)

Französischer Sprachmeister.

Monsieur Franz Dubuissoir, den 26 Decemb. 1747.

Tanzmeister.

Herr Zyrill Hofmann, den 18 May 1767.

Fechtmeister.

Herr Leopold von Sera, den 28 April 1760.

Das hochfürstl. Futtermeistereyamt.

Futtermeister.

Herr Jakob Millthaler, den 1 Septemb. 1765.

(87)

Gestüttmeister.

Herr
{
Johann Nepomuck Andres, den 13 Novemb. 1768.
Rupert Schönauer, Sattelknecht, den 4 Jäner 1782.
Joseph Lorenz Hermann, Pferdarzt, den 1 May 1773.
Johann Hainz, Futterschreiber und Satteljung.
Matthias Högler, Hoffuttermeisterey= und Heuschreiber.
Gottlieb Müller, Gestüttschreiber.
}

Johann Georg Seiz, jubilirter Leibkutscher.
Peter Rohr, Leibkutscher.
Anton Schweizer, Hofschmid.
Johann Süsseck, Hofsattler.

Hofmarstall.
Der Gemeinen wirklich dienenden 60.

Jubilirte.
Von Hofmarstallern 25.

Die hochfürstl. Hof= und Feldtrompeter.

Herr
{
Jahann Joseph Schwarz, Obertrompeter, und Spiel=
  graf, den 18 July 1781.
Johann Adam Huebmer, Musikus und Spielgraf,
  den 1 März 1735.
Leonhard Ignaz Seybald, Musikus und Spielgraf,
  den 1 Decemb. 1748.
Johann Siegmund Lechner, Musikus, den 1 Febr. 1749.
Andrea Schachtner, Musikus und Spielgraf, den 1
  Jäner, 1754.
Franz Xaver Plock, Musikus, den 21 Juny 1760.
Franz Päll, Musikus, den 16 July 1769.
Joseph Fellacher, den 20 Jäner 1778.
Donat May, den 1 Juny 1781.
Franz May, den 1 Juny 1781.
}

Paucker.
Herr Florian Vogt, Musikus, den 1 August 1765.
Herr Georg Schweiger, Musikus, den 9 Dec. 1775.

Die hochfürstlichen Laufer.
Joseph Mayr, und Matthias Hueber.

Hof=

Hoflaquayen.

Matthias Mayr.
Christian Ragel.
Johann Milder.
Ignaz Dasch.
Johann Hartle.
Rupert Troßinger.
Johann Georg Märth.
Johann Prodinger.
Johann Prockesch.
Markus Schorn.
Johann Bergmeister.
Martin Pirgler.
Christoph Winkler.
Anton Kautzky.
Joseph Frey.
Caspar Förg.

Heyducken.

Johann Raup.
Simon Seyler.
Joseph Wenzel.
Joseph Koch.
Joseph Glaß.
Johann Mitterlechner.

Das hochfürstl. Oberjägermeistereyamt.

Oberstjägermeister.

(Titl.) Herr Herr Johann Gundacker, des heil. röm. Reichs Graf von und zu Herberstein, kaiserl. königl. Majestät ꝛc. ꝛc. wirklicher Kammerer, den 21 December 1764.

Vice = Oberstjäger = und Oberstforstmeister.

(Titl.) Herr Herr Karl Freyherr von Gemingen, kaiserl. königl. Kammerer, den 13 Juny 1781.

(89)

Assessor.

Herr Felix Rudolph von Agliardi, hochfürstl. Rath, den 6 April 1758.

Herr Johann Marcellian Hager, Oberstjägermeisterey-Verwalter und Hofkammersekretarius.

Herr
- Sebastian Schaidl, Oberwaldmeister, dann Ober-Jäger, und Unterkammera-Kammerdiener.
- Franz Zunzer, hochfürstl. Hof-Jäger, und erster Büchsenspanner, auch Kammerportier.
- Franz Xaveri Rohregger, wirklicher Ober-Jäger zu Zell in Zillerthal.
- Andreä Langlechner, Ober-Jäger zu Radstadt.
- Franz Anton Michl, Oberwaldmeister und Ober-Jäger in Schloß Itter.
- Matthias Rohregger, Ober-Jäger in Stuelfelden.
- Philipp Käpler, Oberwaldmeister und Ober-Jäger im flachen Land.

Oberstjägermeisterey Verwandte.

Herr
- Florian Dreythaler, Kanzellist.
- Joseph Wolfrahm, Büchsenspanner.
- Joseph Kurz, Zwirchmeister.
- Johann Georg Schesack, Fason-Jäger in Kleßheim.
- Johann Hangeck, Fason-Jäger in Hellbrun.

Meister Jäger 12. Gemeine 76.

Die hochfürstliche Leibguarde.

Leibguardehauptmann.

(Vacat.)

Leibguardelieutenant.

(Titl.(Herr Herr Leopold Graf von Lodron &c. den 28 Februar, 1761.

Leib=

Leibgardewachtmeister.

Herr Johann Dominikus Cleßin von Königsklee, und Hauptmann, den 17 July 1764.

Secund=Wachtmeister.

Herr Georg Wilhelm von Studniz.
Herr Philipp Dimmer.
Sammt 30 Karabinier und 20 Trabanten.

Der wohllöbliche Stadtmagistrat.
in Salzburg.

Stadtsyndicus.

(Titl.) Herr Benedikt Edler von Loes, wirklicher Hofrath, den 6 Juny 1769.

Burgermeister.

Herr Ignatz Anton Weiser, resignirter.
Herr Johann Peter Mezger, wirklicher.

Räthe.

Johann Anton Kolb, Senior.
Johann Gottlieb Bergmayr, einer löblichen Landschaft Mitverordneter und Generalsteuereinnehmer, hat ausser dem Rathe den Rang gleich nach dem Burgermeister.
Johann Sigbert Müllbacher.
Anton Mayr, gemeiner Stadtkammerer, Baumeister und Lazarethverwalter.
Joseph Mayr, Pflasterfundations- Beleuchtungsfond- Quartieramts- und Leprosenhaus- Verwalter, auch Rittmeister.

Herr

(91)

Herr {
Anton Trientl.
Joseph Günther, Bruderhaus, Kreuzgang und Gabrielskapellen-Verwalter.
Ignaz Hefter, Stadtpfarrverwalter u. gemeiner Kastner.
Joseph Rauchenbichler, St. Marci Kapellenverwalter.
Christian Zezi, Burgerspitalverwalter.
Franz Xaver Weiser, armen Säckl Verwalter.
Joseph Virgil Papp.
}

Das wohllöbliche Stadtgericht in Salzburg.
Fol. 52.

Löblicher Gemeine Stadtbediente.
Wagmeister.
Kajetan Mayrhofer.

Gemeiner Stadt-Eisenniederläger, Umgelder und Lötschenmeister.
Joseph Seeleutner.

Gemeiner Stadtsalzschreiber und Rathdiener.
Matthias Käserer.

Gemeiner Stadtbau- und Traidschreiber.
Georg Lackner.

Verzeichniß

der bey dem hochfürstl. Hofpostamt in Salzburg ein- und ablaufenden

Posten.

Ankommende.

Sonntag frühe von Regensburg, obern Pfalz, Cham, Straubing, Geiselhöring, Landshut, Neumarkt an der Roth, Schärding, Braunau, Altenötting, Burghausen und Laufen.

Eodem Abends aus Oberbaiern, Schwaben, ganzen römischen Reich, Schweiz, Elsaß, Ober- und Niederrhein, auch Franken, Nürnberg, Schwabach, Führt, Zürndorf, Freystadt, Erlang, Dännemark, Schweden, Frankreich, Portugall, Spanien, Nieder-Holl- und England, sächsisch und preußischen Landen.

Am Mondtag.

In der Nacht aus Ober- und Unterösterreich, Ungarn, Kroaten, Steyermarkt, Kärnthen, Krain, Friaul, Mähren, Schlesien, Böhmen und Pohlen.

Am Diensttag.

Mittag aus Oberbaiern, Schwaben, ganzen röm. Reich, Schweiz, Elsaß, Ober- und Niederrheinischen, Franken, Dännemark, Schweden, Frankreich, Portugall, Spanien, Nieder-Holl- und England, sächsisch und preußischen Landen.

Am Mittwoch.

Frühe von Regensburg, ꝛc. wie Sonntags frühe.
Item Vormittag aus ganz Tyrol und Italien.

Am Donnerstag.

Wie Mondtag Abends.
Frühe aus Oberbayern, ꝛc. wie Diensttag Mittag.

Am Freytag.
Mittags, wie am Dienstag, oder Sonntag Abends. Eodem Nachts, wie Montag Nachts.

Am Samstag.
Vormittag aus Tyroll und Italien.

Abgehende Posten.

Am Mondtag.
Um halbe 5 Uhr Abends, nach Regensburg, obern Pfalz, Chain, Straubing, Geiselhöring, Landshut, Neumarkt an der Roth, Schärding, Braunau, Altenötting, Burghausen, Laufen. Um 5 Uhr aber ins Bayern, Schwaben, ganzen röm. Reich, Schweitz, Elsaß, Ober- und Niederrheinischen, Franken, Dännemark, Nieder-Holl- und England, sächsisch- und preusisch. Landen. Nach Nürnberg, Schwabach, Fürth, Zürndorff, Freystadt, Erlang.
In der Nacht nach ganz Tyrol und Italien.

Am Mittwoch.
Zwischen 8 und 9 Uhr Vormittag, ins Ober- und Unterösterreich, Kärnthen, Krain, Friaul, Mähren, Ungarn, Kroaten, Steyermarkt, Schlesien, Böhmen und Pohlen.

Am Donnerstag.
Um 5 Abends nach Oberbayern, ꝛc. wie am Montag.

Am Freytag.
Um halbe 5 Uhr Abends, nach Nürnberg, Schwabach, Fürth, Zürndorf, Freystadt, Erlang, Dännemark, Schweden Nieder-Holl- und England, sächsisch- und preusischen Landen, Westphalen. Nach der obern Pfalz, Regensburg, Chain Straubing, Geiselhöring, Landshut, Neumarkt an der Roth Biburg, Altenötting, Schärding, Braunau, Burghausen.
In der Nacht nach ganz Tyrol und Italien.

Am Samstag.
Wie am Mittwoch um 9 Uhr Vormittag, in Ober- und Unterösterreich. Der-

Der Postwagen von Wien nacher Salzburg und Innsbruck.

Kommt an.

Mittwoch den 6 Jäner Vormittag von Wien, Siegharts, kirchen, Mölk, Strenberg, Amstetten, Mauthausen, Enns, Steyer, Linz, Kremsmünster, Kirchdorf, Wels, Gmunden, Lambach, Schwannenstadt, Frankenmart, Straßwalchen und Neumarkt.

Gehet ab.

Mittwoch den 12 Nachmittag von Innsbruck.

Kommt von daher zurück.

Mittwoch den 1 Nachmittag nach Innsbruck.

Gehet wiederum ab.

Mittwoch den 8 Nachmittag nach Wien.
Und so von 14 zu 14 Tagen.

NB. Die Person bezahlt vor jede Meile 20 Kr. und vom Zentner 15 Kr. dabey aber jedem Passagier ein halber Zentner frey mitzuführen erlaubt.

Der Postwagen v. München nach Salzburg

Kommt an.

Donnerstag Nachmittag.

Gehet ab.

Sonntag um halber 8 Uhr frühe, nach München, Regensburg, Nürnberg, und in das ganze röm. Reich.

Der Postwagen übern Thauern ins Lungau.

Kommt an.

Am Dienstag Mittags.

Gehet ab.

Samstag um 8 Uhr.

NB. Die Aufgabe muß Freytags Nachmittag geschehen, sowohl in Briefschaften als Päckeln. — Bo

Bothenlista,

Woraus zu ersehen, wann selbe hier ankommen und wiederum abgehen nach dem Alphabet.

A.

Abbtenauerpoth kommet an am Donnerstag Vormittag, und gehet Freytags um Mittagszeit wieder ab, kehret ein beym goldenen Lämmel in der Goldgassen,

B.

Berchtesgadnerboth kommet alle Wochen viermal an, hat ine Einkehr beym goldenen Lämmel in der Goldgassen.
Braunauerboth kommet Donnerstag Mittags an, gehet Freytags um 1 Uhr ab. Logirt bey dem Moserbräu in der Judengassen
Burghauserboth kommt am Donnerstag zu Mittag. Logirt beym Sauerweinwirth, geht Freytags um 2 Uhr ab.

C.

Kammerbothen. Franz Michael Dihold, wohnet in seinem eigenen Boden bey den Ka...rn gegen über.
Johann Michael Silberer, logirt in dem Sonnenwirthshaus auf der Gestätten.
Die reisen wechselwets am Freytag um 11 Uhr Mittag in das Pinzgey, nehmen auch dann und wann Briefe in die Windischmatterey mit. Beyde kommen Mittwoch beyläufig um Mittagszeit wieder an.

D.

Deisendorferboth kommt wochentlich am Dienstag, Donnerstag und Samstag in der Früh. Logirt bey dem Sauerweinwirth, gehet selbigen Tag um halber 2 Uhr Nachmittag wieder ab. Gmund-

G.

Gmundnerboth kommet alle 14 Tage um Mittag an, gehet Freytag um Mittag ab, logirt bey dem Freyhamerbräu nächst St. Andreä.

Gollingerboth kommt alle Wochen am Donnerstag, gehet Freytags um Mittag wiederum ab, hat seine Einkehr bey dem Sauerwein.

Gräzerboth kommet am Donnerstag Mittag, und gehet Samstag um 12 Uhr von hier wieder ab, logirt bey der Trauben in der Linzergassen.

H.

Hälleinerboth kommet am Dienstag, Donnerstag und Samstag Vormittag, gehet um 2 Uhr wieder ab, logirt bey dem Eizenberger.

Högelwörtherboth kommet in der Woche einmal, ist zu finden bey dem Herrn Reisenstuhl Kaufmann neben dem Brodhaus.

J.

St. Ilger- oder Gilgerboth kommet am Freytag Nachmittag, hat seine Einkehr beym blauen Hechten, gehet am Samstag in der Frühe ab.

Ischlerboth kommet alle 14 Tage am Donnerstage, kehret ein bey dem Bräu in der Kugl, geht ab Freytag Mittags.

K.

Köstendorferboth kommet am Freytag in der Frühe, und gehet Samstags Vormittag wieder ab, kehret ein bey dem weissen Rössel.

Kitzbichlerbothin kommt alle Wochen, hat keinen gewissen Tag, hat ihre Einkehr in dem kalten Bierhaus, gehet gemeiniglich den andern Tag wieder ab.

Kuefsteiner- Ebs und Erlerboth kommt alle 14 Tage am Mittwoch an, gehet Donnerstag von hier wieder ab, kehret ein beym Höllbräu.

L.

Laufnerboth kömmt am Dienstag, Donnerstag, und Samstag, ist zu finden beym Herrn Aßwanger, Kaufmann in der Traidgassen, gehet selbige Tag um 2 Uhr von hier wieder ab.

Loferboth kommt alle Donnerstag, geht Freytag fruh ab.

M.

Mattighoferboth kommt wöchentlich zweymal, hat seinen Einsatz bey dem Hr. Bauernfeind auf dem Kränzelmarkt.

Mattseerboth kommt am Donnerstag, und geht Freytags zwischen 10 und 12 Uhr Mittags wieder ab, logirt bey dem Freyhammerbräu nächst der St. Andreäkirche.

Mauerkircherboth kommt alle 14 Tag, hat seinen Einsatz bey dem Herrn Bauernfeind auf dem Kränzelmarkt.

Michaelbeuerboth kehrt ein beym Sauerweinwirth, kommt wöchentlich 2 bis 3mal, als Mont. Mittw. und Freytag. Abends anhero, gehet den andern Tag Vormittag ab.

Mondseerboth logirt auf dem Plätzl über der Brucken bey dem sogenannten Lasserwirth, kommt am Donnerstag, geht Freytag um Mittagszeit wieder ab.

Mühldorferboth kehret ein bey dem goldenen Stern in der Traidgassen, kommt am Donnerstag, geht Freytag um 11 Uhr Mittags wieder ab.

Münchnerboth kommt alle Mittwoch um Mittagszeit an, logirt auf der Trinkstuben, geht Freytags um 12 Uhr wieder ab, nimmt Paqueter, Ballen, auch unterschiedliche Kaufmannsgüter mit sich.

N.

Neumarkterboth kommt am Montag und Freytag an, geht den andern Tag darauf gegen Mittag wieder ab, hat seine Einkehr bey dem Lasserwirth auf dem Plätzl.

O.

Oettingerboth kommt am Donnerstag, und geht am Freytag Nachmittag wieder ab, kehret ein bey dem Mödelhammerbräu in der Traidgassen.

P.

Paſſauerboth kommt am Donnerſtag Nachmittag an, logirt bey der goldenen Trauben, bey St. Andreä gegen über, gehet Freytags um 3 Uhr wieder ab, nimmt Briefe nach Altheim, Mattighofen, Mauerkirchen, Obernberg, und Schärding ꝛc.

R.

Radſtatterboth kommet am Donnerſtag, und gehet am Freytag gegen 12 Uhr wiederum ab, kehret ein bey dem Sauerweinwirth.

Reichenhallerboth kommet alle Montag, Donnerſtag und Samſtag, gehet auch in ſelbigen Tägen zwiſchen 11 und 12 Uhr Mittags wieder ab, logiert beim Sauerwein.

Riederboth kommt am Donnerſtag Nachmittag an, und geht am Freytag in der Fruh wiederum ab.

Roſenhammerboth kommt am Mittwoch, und gehet Donnerſtag fruhe wieder ab, hat ſeine Einkehr bey dem Stockhammerbräu in der Traidgaſſen, nimmt auch Brief mit nach dem Herrn und Frauen Chiemſee.

S.

Saalfeldnerboth kömmt alle 14 Tag auch mit 8 Tägen, hat keine gewiſſe Zeit, gemeiniglich am Mittwoch, und geht am Donnerſtag wieder ab, hat ſeine Einkehr bey dem Mödelhammerbräu.

Seekirchnerboth hat ſeinen Einſatz bey Hr. Joſeph Bauernfeind auf dem Kränzelmarkt, kommt alle Wochen dreymal gegen 7 Uhr in der Fruh, geht um 11 Uhr wieder ab.

Schärdingerboth kommt am Donnerſtag, und geht Freytags wieder ab, iſt in dem kalten Bierhaus zu finden.

Staufeneggerboth kommt wochentlich wenigſt einmal, als am Donnerſtag in der Frühe, und geht um 2 Uhr Nachmittag wieder ab, hat ſeinen Einſatz bey Herrn Reiſenſtuhl in der Traidgaſſen.

Straß-

(99)

Straßwalcherboth kommt am Freytag Abends, und gehet am Samstag gegen Mittag wieder ab, logiert bey dem Moserbräu.

T.

Thalgeyerboth kommt am Dienstag und Samstag in der Fruh, hat seinen Einsatz bey Herrn Bauernfeind auf dem Kränzelmarkt, geht allzeit selbigen Tag nach 12 Uhr wiedum ab.

Taxenbacherboth kommt alle 14 Täg am Mittwoch, und gehet Donnerstag fruh wieder ab, hat seine Einkehr bey dem Bräu in der Höll.

Tittmoningerboth kommt Dienstags, und gehet Mittwoch wieder ab, hat seine Einkehr bey dem Stern, ist bey dem Herrn Reifenstuhl Kaufmann zu finden.

Traunsteinerbothen seynd zwey, der Kapitelboth kehret ein bey Hr. Bauernfeind auf dem Kränzelmarkt, und kommt am Donnerstag in der Fruh, gehet Freytags zeitlich ab.

Der Stadtboth, welcher in dem kalten Bierhaus einkehret, kommt Montag und Donnerstag, und gehet am Dienstag und Freytag um 10 Uhr ab.

Trospurgerboth kommt am Donnerstag an, gehet am Freytag um 9 Uhr in der Fruh wieder ab, logirt bey dem Mödelhammerbräu in der Traidgassen.

W.

Wagingerboth kommt am Donnerstag, und geht am Freytag gegen Mittag wieder ab.

St. Wolfgangerboth kommt alle 14 Tag, hat aber keinen gewissen Tag, logirt bey dem Moserbräu.

Z.

Zillerthallerboth kommt alle 14 Tag, kehret ein bey dem Bräu in der Höll.

Inhalt.

A.

	Seite
Advokaten	35
Agenten	76
Artilleriekorpo	67
Ausfergamt	40

B.

Beamte inner und auffer des Gebirges	45
‚ ‚ auffer Landes	55
Begwalte	76
Berg- und Münzwerksdeputation	57
Bergwerksämter	58

D.

Domkapitel (das hochwürdige)	7

E.

Edelknaben	85
Einnehmer (General)	85
Erbämter	40
Exercitienmeister	86

F.

Fischmeister	41

G.

Gärtnerey (Hof-)	45
Geheimer Rath	18
‚ ‚ Kanzley	20

Gesand-

Gesandter zu Regensburg 76
Guarderobba-Amt 43

H.

Haupthandlung 65
Hauptmaut 43
Herrschaften und Beamte inner oder auſſer des
   Gebirgs. 45
   ‒ ‒ auſſer Landes 54
Hofämter 13
Hofkammer 37
Hoflaquayen 88
Hofmarschallstab (Oberster) . . . 83
Hofmarschall 87
Hofmeisterstab 77
Hofmusik 78
Hofrath 30

J.

Jägermeisterey (Oberst-) . . . 88

K.

Kammerstab (Oberst-) . . . . 8‒
Kammerer . . . . . . 1‒
Kammerdiener 8
Kammerfourier 7
Kammerheitzer 8
Kanzley (geheime) . . . . .
   ‒ ‒ Konsistor. . . . .
   ‒ ‒ Hofraths . . . . .
   ‒ ‒ Hofkammer . . . .
   ‒ ‒ Kriegsraths . . . .
   ‒ ‒ Bergwerks . . . .

Kapelläne (Hof- und Stadt-) . . . 29
Kastenamt 44
Cavalliere (Hoffrequentierende) . . . 22
Celleramt 44
Chorvikarien 29
Konfektstube 85
Consistorium 23
Kriegsrath 65
Küchenmeisterey 84

L.

Laquayen (Leib-) 83
Laquayen (Hof-) 88
Landschaft 69
Lehenkommissarien 36
Lehenprobstey (Ritter-) . . . 36
Leibguarde 90
Leihhaus 71

M.

Magistrat (Stadt-) 90
Marschallstab (Oberhof-) . . . 83
Mautamt 43
Messinghandlung 65
Musik (Hof-) 78
Münzamt 64
Münz- und Bergwerksdeputation . . 57

P.

Pfleg- und Landgerichter inner und auffer des Ge-
birgs 45
Portiere 82
Postamt 20

R.

Räthe (geheime)	18
҆ ҆ geistliche	24
҆ ҆ Hof҆	31
҆ ҆ Kammer҆	37
҆ ҆ Krieg҆	66
҆ ҆ Bergwerk҆	58
Raitmeisterey	42
Ritterlehenprobstey	36
Ritterorden des heiligen Ruperti	21

S.

Salzausferganit	40
Salzschreiber	45
Sekretarien (Hofraths)	35
Sekretarien (Hofkammer҆)	39
Silberkammer	84
Stadtmagistrat	90
Stadtgericht	91
Stallmeisterstab (Oberst)	85
Suffraganen	3

T.

Trompeter	87
Truchseße	78

U.

Umgeldamt	73
Universität	72

W.

Waldmeisterey	41

Z.

Zahlamt	42
Zeugamt	67

AVERTISSEMENT.

Der Verleger erachtet sich verbunden, einen jeden nach Standes Gebühr geziemend zu ersuchen, daß, wenn etwann aller angewandten mühsamen Sorgfalt unerachtet, in dem gegenwärtigen Hofkalender und Schematismo einige Fehler in denen respective Namen, Range, Titeln, oder sonst sich zeigen sollten, man diese nicht ungütig deuten, sondern, belieben wolle, solche zu künftiger gehöriger Verbesserung dem Verleger bey Zeiten, und zwar längstens bis zum Schluße des Monats October schriftlich einzuschicken.

Nachtrag.

Fol. 61.

Interims Amtieren zu Ramingstein.
(Vacat.)

Fol. 63.

Bey Flachau Verweser.
Aloys Vincenz Mehofer.

Fol. 73.

Ist P. Anselm Rittler zu des heil. röm. Reichs Prälaten und Abbten zu Weingarten den 21 Christmonats 1784. erwählet worden.

www.ingramcontent.com/pod-product-compliance
Lightning Source LLC
Chambersburg PA
CBHW020104170426
43199CB00009B/387